IMPARARE LO SPAGNOLO

LE 1200 FRASI SPAGNOLE PIÙ UTILI E LA GRAMMATICA DI BASE PER IMPARARE LA LINGUA IN MODO EFFICACE

Carlos Garcia

Questo libro è dedicato a quelle persone che contano per me più di chiunque altro al mondo…i miei studenti.

INDICE

INTRODUZIONE

Prima di iniziare a leggere, prendi una penna o una matita in modo che tu possa scrivere in questo libro.

È stato dimostrato che utilizzare una penna o una matita quando si legge, rende il lettore più attento e stimola la memoria.

Sottolinea, cerchia, evidenzia le parole, piega gli angoli delle pagine e prendi note ai margini del libro così che tu in futuro possa riprendere in mano il libro e rileggere le parti che hai ritenuto più importanti.

Personalmente, ho sempre avuto grossi problemi nel fare questo, in quanto da buon ossessivo-compulsivo perfezionista ho sempre odiato rovinare i libri che leggevo.

Poi ho realizzato che avevo bisogno di immergermi in un libro, perché il proposito di un libro come questo non è rimancre intoccato, ma piuttosto massimizzare il valore che estraiamo da questo.

Ora, io segno tutti i libri che leggo (*romanzi esclusi*) così da poterli rivisitare e rileggere in qualsiasi momento e recuperare tutti i benefici chiave, senza dover rileggere l'intero libro nuovamente.

Quindi, vai a prendere una penna e continua a leggere (…e sottolineare)!

Altri consigli pratici che mi sento di darti sono:

- **NON È UNA GARA**

Il tuo obiettivo non deve essere finire il libro nel minor tempo possibile.

Negli anni mi è capitato che alcuni studenti mi scrivessero e-mail e messaggi privati riempiendomi di complimenti e dicendomi sempre la stessa identica frase: “libro magnifico, l’ho finito in 6 ore”, “l’ho finito in 2 giorni”.

Mi fa molto piacere che i miei libri siano di gradimento, tuttavia cercare di finire un libro nel minor tempo possibile è un errore.

Prenditi il tuo tempo per leggere questo libro. Leggilo 2-3 volte e assorbi ogni singola parola al suo interno.

- **LEGGI AD ALTA VOCE**

Se ne hai la possibilità, ti consiglio vivamente di leggere ad alta voce.

I due grandi ricercatori Colin MacLeod e Noah Farrin si sono dedicati allo studio degli effetti della lettura ad alta voce e del suo rapporto con l’apprendimento.

La ricerca ha coinvolto 100 studenti dell’Università di Waterloo, in Canada, ai quali sono state date 80 parole che dovevano riprodurre ad alta voce. La maggior parte di loro hanno appuntato per sicurezza le parole che non ricordavano.

La prova successiva prevedeva l'analisi di 2 metodi diversi per ricordare i termini: leggerle in silenzio, o leggerle ad alta voce.

I risultati sono stati sorprendenti e gli autori sono arrivati a coniare il cosiddetto "effetto produzione". Dopo due settimane dalla prova, ai partecipanti sono state consegnate una serie di parole al fine di indicare se facevano parte di quelle lette o memorizzate durante la prova. Le persone che avevano letto ad alta voce hanno dato risposte notevolmente più accurate.

Detto ciò, ti auguro un buono studio!

REGOLE GRAMMATICALI DI BASE

In questo capitolo ripercorreremo alcune regole di base della grammatica spagnola. Approfondiremo i nomi, gli articoli, i pronomi, i verbi e vi daremo alcune dritte per una corretta pronuncia.

NOMI IN SPAGNOLO: GENERE E NUMERO

Il nome, in spagnolo, come in italiano ammette variazioni di genere (maschile e femminile) e numero (singolare e plurale).

GENERE

Una prima distinzione può essere fatta tra nomi che indicano realtà sessuate (persone, animali etc.) e asessuate.

NOMI PER REALTÀ SESSUATE

Ci sono nomi che possono indicare sia realtà maschili che femminili ma che hanno forme diverse per il genere maschile e femminile.

SPAGNOLO		ITALIANO	
MASCHILE	FEMMININLE	MASCHILE	FEMMININLE
Hombre	Mujer	Uomo	Donna

Padre	Madre	Padre	Madre
Caballero	Dama	Gentiluomo	Gentildonna

I nomi maschili che terminano per **–o** o **per consonante (l, n, r, s e z),** avranno il femminile che termina in –a.

ESEMPIO:

Hij-o* = *Hij-a *(Figlio – Figlia)*
Abuel-o* = *Abuel-a *(Nonno – Nonna)*
Perr –o*= *Perr-a *(Cane – Cagna)*

Nomi che hanno la stessa forma sia al maschile che al femminile

Nomi terminanti in **–sta**
M: El artista F: La artista
Nomi terminanti in **–nte**
M: El estudiante F: La estudiante

b. NOMI PER REALTÀ ASESSUATE

1. Sono desinenze tipicamente maschili le seguenti: **-o, -or, -aje, -ma, -an, -ambre**

ESEMPIO:

Cuadro, libro
Abordaje, peritaje
Poema, problema

Pan, Plan
Hambre, Alambre

2. Sono desinenze tipicamente femminili le seguenti: **-a, -dad, -umbre, -tud, -eza, -ie, -ción, -sión, -nza, -cia, -ncia;**

ESEMPIO:

Casa, Mesa
Caridad, Amabilidad
Pesadumbre, Mansedumbre
Virtud, Solicitud
Pureza, Realeza
Barbarie, Progenie
Canción, Vocación
Esperanza, Templanza
Eficacia, Tolerancia

NUMERO

Esiste il singolare e il plurale. Per formare il plurale si aggiunge alla forma singolare la desinenza **–s** o **–es**.

Si aggiunge **–s** quando il singolare termina con una vocale non accentata.
ESEMPIO: *La rosa/Las rosas (la rosa/le rose)*

Si aggiunge **–es** quando il singolare termina con una consonante (y in questo caso viene considerata consonante).
ESEMPIO: *Sal – Sales (sale/i)*

Se la parola termina per Z e X si toglie la consonante e si aggiunge **–ces.**

ESEMPIO: Feliz – Felices (felice/i); Pez – Peces (Pesce/i).

Tutte le parole che terminano con una vocale accentata (eccetto quelle che terminano per –é) formano il plurale con l'aggiunta di –**es**.

Le parole monosillabiche che terminano in **–s** e quelle bisillabiche con l'ultima sillaba accentata formano il plurale con l'aggiunta di –**es**

ESEMPIO: *Tos/Toses (tosse/i)*

ESEMPIO: *Cortés/Corteses (cortese/i)*

Infine, ci sono parole che hanno solo il plurale.

ESEMPIO: *Gafas (Occhiali), Esposas (Manette), Tijeras (Forbici) etc.*

ARTICOLI

L'articolo è un elemento variabile della proposizione che specifica l'idea che si ha rispetto al nome, precisandone il genere e il numero.

GLI ARTICOLI DETERMINATIVI E INDETERMINATIVI

	DETERMINATIVO		INDETERMINATIVO	
	Singolare	Plurale	Singolare	Plurale
Maschile	**El**	**Los**	**Un**	**Unos**
Femminile	**La**	**Las**	**Una**	**Unos**
Neutro	**Lo**	//	//	//

A differenza dell'italiano, in spagnolo esistono gli articoli indeterminativi plurali, che esprimono l'idea del partitivo al plurale.

ESEMPIO: ***Unos*** *chicos me llamaron –* ***Dei/Alcuni*** *ragazzi mi chiamarono.*

Inoltre, in spagnolo esiste anche l'articolo neutro "lo".

POSIZIONE E USO DELL'ARTICOLO

L'articolo precede sempre il nome a cui si riferisce:

ESEMPIO: *La profesora me llamò: La professoressa mi chiamò.*

L'uso dell'articolo in spagnolo è molto simile all'italiano.

Gli articoli determinativi non si usano:

Davanti ai nomi geografici (Stati regioni continenti, etc.)
ESEMPIO: *Roma está en Italia*

Davanti a un aggettivo possessivo
ESEMPIO: *Mi abuela se llama Maria*

Davanti ai nomi di persona e ai cognomi.
ESEMPIO: *Alberta es mi amiga*

Gli articoli determinativi si usano:

Con i giorni della settimana
ESEMPIO: *El lunes voy a trabajar*

Davanti ai nomi astratti
ESEMPIO: *La amistad es muy importante*

Davanti a sostantivi che si riferiscono a un'entità o a un essere unico
ESEMPIO: *El sol / La luna.*

Gli articoli indeterminativi non si usano:

Con **otro, medio, semejante, cierto, tal, igual, tanto, cualquier, cuarto** (*quest'ultimo* *utilizzato per indicare l'ora),* **número, multitud, infinidad e cantitad**.

ESEMPIO: *Otro día te llamaré – Un altro giorno ti chiamerò*

ESEMPIO: *Nunca les dije tal cosa – Non gli hanno mani detto una tale cosa*

Gli articoli indeterminativi si usano

Dopo la forma impersonale "hay" (che si traduce con "c'è")
ESEMPIO: *Hay un problema – C'è un problema*

Quando si vuole indicare un oggetto che fa parte di un gruppo più generale o ampio e viene indicato.
ESEMPIO: *Eso es un perro – Quello è un cane.*

USI PARTICOLARI

Davanti ai sostantivi che iniziano con una "**a**" o "**ha**" tonica (accentata) anche se sono di genere femminile, si usa sempre l'articolo maschile.

ESEMPI:

El agua – L'acqua
El alma – L'anima
Un habla dificil – Una lingua difficile

AGGETTIVI E PRONOMI POSSESSIVI

AGGETTIVI POSSESSIVI

Sono forme incompatibili con l'articolo, che infatti viene sostituito dall'aggettivo stesso. Se si vuole anteporre un articolo al nome, si usa la forma pronominale.

	Maschile/Femminile Singolare	Maschile/Femminile Plurale
1° Persona Singolare	**Mi**	**Mis**
2° Persona Singolare	**Tu**	**Tus**
3° Persona Singolare	**Su**	**Sus**
1° Persona Plurale	**Nuestro-a**	**Nuestros-as**
2° Persona Plurale	**Vuestro-a**	**Vuestros-as**

3° Persona Plurale	**Su**	**Sus**

ESEMPI:

Su novia es muy gentil = La sua fidanzata è molto gentile
Nuesta amiga se llama Marta = La nostra amica si chiama Marta
Tu padre es abogado = Tuo padre è un avvocato
Mi hermana es profesora = Mia sorella è una professoressa

PRONOMI POSSESSIVI

I pronomi sostituiscono il nome a cui si riferiscono. A differenza dell'italiano possono essere posposti al nome a cui si riferiscono, quando ha l'articolo e non può essere omesso, oppure quando il nome è preceduto da un altro aggettivo.

	Maschile/Femminile Singolare	**Maschile/Femminile Plurale**
1° Persona Singolare	**Mío – Mía**	**Míos – Mías**
2° P. S.	**Tuyo – Tuya**	**Tuyos – Tuyas**

3° P. S.	**Suyo – Suya**	**Suyos – Suyas**
1° Persona Plurale	**Nuestro – Nuestra**	**Nuestros – Nuestras**
2° P. P.	**Vuestro – Vuestra**	**Vuestros – Vuestras**
3° P. P.	**Suyo – Suya**	**Suyos – Suyas**

ESEMPI:

El libro de Marika y el mío son nuevos *= Il libro di Marika e il mio sono nuovi*

Este hermano nuestro se llama Marco *= Questo nostro fratello si chiama Marco*

Las amigas tuyas no me gustan *= Le tue amiche non mi piacciono*

Donde está tu coche? La mía está en el calle *= Dove sta la tua macchina? La mia è in strada*

Sia l'aggettivo che il pronome possessivo concordano sempre col numero dell'oggetto posseduto.

PRONOMI PERSONALI

PRONOMI PERSONALI SOGGETTO

	Maschile	Femminile	Neutro
1° Persona Singolare	**Yo**	**Yo**	**/**
2° P. S.	**Tú**	**Tú**	**/**
3° P. S.	**Él**	**Ella**	**Ello**
3° P. S. *(Forma di cortesia)*	**Usted**	**Usted**	**/**
1° Persona Plurale	**Nosotros**	**Nosotras**	**/**
2° P. P.	**Vosotros**	**Vosostras**	**/**
3° P. P.	**Ellos**	**Ellas**	**/**
3° P. P. *(Forma di cortesia)*	**Ustedes**	**Ustedes**	**/**

Come in italiano, i pronomi personali soggetto possono essere soppressi quando il verbo stesso indica persona e numero.

La forma di cortesia è **Usted** al singolare, **Ustedes** al plurale e hanno sempre il verbo alla terza persona.

La forma neutra della terza persona singolare **ello** corrisponde a **ciò, questa cosa, questo.** Può essere sostituito da **esto, eso** e **aquello.**

PRONOMI PERSONALI COMPLEMENTO

	PREPOSIZIONI		
	CON	**ENTRE, SEGÚN, EXCEPTO, SALVO, MENOS, INCLUSO, HASTA**	**TUTTE LE ALTRE**
1° P. S.	Conmigo	Yo	Mí
2° P. S.	Contigo	Tú	Tí
3° PS	Consigo, con él, ella, ello	Sí/él, ella, ello	Sí/él, ella, ello
3° PS (forma di cortesia)	Consigo, con usted	Sí/ usted	Sí/ usted
1° P. P.	Con nosotros-as	Nosotros-as	Nosotros-as
2° P. P.	Con vosotros-as	Vosotros-	Vosotros-

		as	as
3° P. P.	Consigo, con ellos, ellas	Sí/ellos, ellas	Sí/ellos, ellas
3° P. P. (forma di cortesia)	Consigo, con ustedes	Sí/ ustedes	Sí/ ustedes

I pronomi personali complemento preceduti da proposizione sono, a parte nella forma riflessiva, gli stessi pronomi personali soggetto, salvo per la prima e seconda persona singolare.

ESEMPIO: *Marta viene* ***conmigo*** *esta noche – Marta viene con me stasera.*

ESEMPIO: ***Delante*** *de tí hay un gato – Davanti a te c'è un gatto.*

ESEMPIO*: Lo hizo* ***para*** *sí mismo – Lo fece per sé stesso.*

I pronomi personali complemento quando **NON** sono **preceduti da preposizione** sono i seguenti:

	COMPLEMENTO OGGETTO	**COMPLEMENTO DI TERMINE**
1° P. S.	Me	Me
2° P. S.	Te	Te
3° P. S.	Se/lo, le (masch.), la (femm.), lo (neutro)	Se/Le
3° P. S. (forma di cortesia)	Se/lo, le (masch.), la (femm.), lo (neutro)	Se/Le
1° P. P.	Nos	Nos
2° P. P.	Os	Os
3° P. P.	Se/Los, les (masch.), las (femm.)	Se/les
3° PP (forma di cortesia)	Se/Los, les (masch.), las (femm.)	Se/les

Altri esempi:

Yo me levanto – Io mi alzo
Te duchas – Ti fai la doccia
Le di mi regalo – Le diedi il mio regalo
La veo cansada – La vedo stanca

Os llaman siempre – Vi chiamano sempre

Per quanto riguarda la posizione dei pronomi personali complemento non preceduti da preposizione, questi di solito vanno davanti al verbo.

ESEMPIO: *Lo llamaré – Lo chiamerò*

Se si tratta di forme all'infinito, gerundio o imperativo positivo, si uniscono al verbo.

ESEMPIO*: Callate a veces – Zittisciti a volte*
ESEMPIO: *Lo encontró duchandose – Lo trovò che si stava facendo una doccia.*

Se l'infinito o il gerundio sono uniti a una forma verbale personale, il pronome personale può essere unito a una o all'altra forma verbale, indistintamente.

ESEMPIO: *Me estoy duchando / Estoy duchándome – Mi sto facendo una doccia / Sto facendomi una doccia.*

ESEMPIO: *Quería contarte / Te quería contar – Volevo raccontarti / Ti volevo raccontare.*

All'imperativo, prima e seconda persona plurale, si hanno cambiamenti nella desinenza del verbo.

ESEMPIO: *Lavemos: Laviamo – Lavémonos: Laviamos*
ESEMPIO: *Lavad: Lavati – Lavaos: Lavatevi*

PRONOMI RELATIVI

Pronome relativo	**Regola**	**Esempio**
Que: Che	Invariabile. Si riferisce a cose e persone. Può essere accompagnato da qualsiasi preposizione.	Dame el libro **que** está allí Dammi il libro che è lì
El/Lo/Los/Las que : Quello/a/e/i che	Concorda in genere e numero con l'antecedente.	La hermana de Giulo, **la que** te llamó ayer, es profesora La sorella di Giulio, quella che ti chiamò ieri, è un'insegnante
Quien/Quienes: Che	Varia solo di numero Utilizzato per riferirsi a persone Può essere preceduto da preposizione	El actor de **quien** te hablé es Al Pacino L'attore di cui ti parlai è Al Pacino
El/La Cual – Los/Las Cuales: Il/la quale – I/Le quali	Può riferirsi a persone o cose Varia solo di numero Può essere preceduto da preposizioni	El futbolista al **cual** admiras es italiano Il calciatore il quale (che) ammiri è italiano
Cuyo/a/os/as: Di cui	Varia in genere e numero Concorda con la cosa posseduta Precede sempre il nome a cui si riferisce	Mi coche, **cuya** bocina no funciona, es muy viejo La mia aiuto, di cui

	Non è mai preceduto dall'articolo	non funziona il clacson, è molto vecchia

AVVERBI RELATIVI

Avverbio relativo	**Regola**	**Esempio**
Cuando	Utile a fornire indicazioni temporali	Llegó **cuando** ya habíamos ido: Arrivò quando già eravamo andati via
Como	Esprime il modo o la maniera	Me explicó **como** la pensaba: Mi spiegò come la pensava
Donde/En donde	Si utilizza per esprimere un luogo	La casa **donde** vivo es muy vieja: La casa dove vivo è molto vecchia

VERBI

Le coniugazioni in spagnolo, come in italiano, sono tre:

Verbi in “-**ar**”: es. amar (amare)
Verbi in “-**er**”: es. comer (mangiare)
Verbi in “-**ir**”: es. partir (partire)

MODI

Infinitivo: Infinito
Indicativo: Indicativo
Subjuntivo: Congiuntivo
Condicional o potencial: Condizionale
Imperativo: Imperativo

VERBI AUSILIARI

I verbi ausiliari in spagnolo sono soltanto due: “haber” (avere) ed “estar” (essere). Questi due vengono utilizzati per le forme composte della forma attiva, mentre “ser” viene utilizzato per il passivo.

TEMPO PRESENTE

- **SER**

Yo soy = Io sono

Tú eres = Tu sei

Él /Ella/Usted es = Lui/Lei è

Nosotros/as somos= Noi siamo

Vosotros/as sois = Voi siete

Ellos/Ellas/Ustedes son = Loro sono

- **ESTAR**

Yo estoy = Io sono

Tú estás = Tu sei

Él/Ella/Usted está = Lui/Lei è

Nosotros/as estamos = Noi siamo

Vosotros/as estáis = Voi siete

Ellos/Ellas/Ustedes están = Loro sono

La traduzione della coniugazione di estar è identica a quella di ser, ma ci sono grosse differenze nell'utilizzo dei due verbi.

DIFFERENZA “SER” ED “ESTAR”

In genere "ser" si usa se l'aggettivo che segue descrive caratteristiche fisse della persona, cosa o luogo. Quindi “ser” si usa:

per descrizioni fisiche, tratti personali, professione, nazionalità, razza, genere, ecc.

Es muy gorda = È molto grassa

Son doctores de la ciudad = Sono dottori della città

Es inteligente = È intelligente

Es italiana = È italiana

Sois ombre = Siete uomini

per esprimere date, giorni, stagioni, ecc.

Hoy **es** sabad = Oggi è sabato

Es invierno = È inverno

per esprimere le caratteristiche (es. il materiale) di qualcosa

El pavimento **es** de mármol = Il pavimento è di marmo

La casa **es** de cemento = La casa è di cemento

per indicare il possesso o l’appartenenza

El cosche **es** de mi padre = L'auto è di mio padre

El gato **es** nuestro = Il gatto è nostro

In genere, "estar" viene utilizzato per descrivere uno stato d'animo, uno stato temporaneo:

per indicare delle emozioni o condizioni fisiche

Estoy aburrido en casa = Mi annoio a casa.

El perro **está** muerto = Il cane è morto.

Marta **está** embarazada = Marta è incinta.

per indicare dove si trovano persone o cose, ma non eventi

El tenedor **está** en de la mesa = La forchetta è sul tavolo.

Ahora **estoy** a casa = Ora sono a casa

con le forme progressive del verbo

Estoy hablando con papá = Sto parlando con papà

Están studiando = Stanno studiano

HABER

Yo he = Io ho

Tú has = Tu hai

Él/ella/Usted ha = Lui/Lei ha

Nosotros/as hemos = Noi abbiamo

Vosotros/as habéis = Voi avete

Ellos/Ellas/Ustedes han = Loro hanno

VERBI IN –AR

(HABLAR = PARLARE) - PRESENTE

Yo hablo = Io parlo

Tú hablas = Tu parli

Él/ella/Usted habla = Lui/Lei parla

Nosotros/as hablamos = Noi parliamo

Vosotros/as habláis = Voi parlate

Ellos/Ellas/Ustedes hablan = Loro parlano

(CANTAR = CANTARE) - PRESENTE

Yo canto = Io canto

Tú cantas = Tu canti

Él/ella/Usted canta = Lui/Lei canta

Nosotros/as cantamos = Noi cantiamo

Vosotros/as cantáis = Voi cantate

Ellos/Ellas/Ustedes cantan = Loro cantano

VERBI IN –ER

(COMER = MANGIARE) - PRESENTE

Yo como = Io mangio

Tú comes = Tu mangi

Él/ella/Usted come = Lui/Lei mangia

Nosotros/as comemos = Noi mangiamo

Vosotros/as coméis = Voi mangiate

Ellos/ellas/ Ustedes comen = Loro mangiano

(BEBER = BERE) - PRESENTE

Yo bebo = Io bevo

Tú bebes = Tu bevi

Él/ella/Usted bebe = Lui/Lei beve

Nosotros/as bebemos = Noi beviamo

Vosotros/as bebéis = Voi bevete

Ellos/Ellas/Ustedes beben = Loro bevono

VERBI IN –IR

(VIVIR = VIVERE) - PRESENTE

Yo vivo = Io vivo

Tú vives = Tu vivi

Él/ella/Usted vive = Lui/Lei vive

Nosotros/as vivimos = Noi viviamo

Vosotros/as vivís = Voi vivete

Ellos/ellas/ Ustedes viven = Loro vivono

(SUBIR = SALIRE) - PRESENTE

Yo subo = Io salgo

Tú subes = Tu sali

Él/ella/Usted sube = Lui/Lei sale

Nosotros/as subimos = Noi saliamo

Vosotros/as subís = Voi salite

Ellos/ellas/ Ustedes suben = Loro salgono

IRREGOLARITÀ

Ci sono alcuni verbi che presentano alcune irregolarità al presente indicativo.

In alcuni verbi, tra cui entender, l'ultima vocale della radice cambia quando vi cade l'accento, tranne per vosotros e nosotros.

ENTENDER = CAPIRE

Yo **entiendo**

Tú **entiendes**

Él/ella/Usted **entiende**

Nosotros/as **entendemos**

Vosotros/as **entendéis**

Ellos/Ellas/Ustedes **entienden**

ESEMPIO: *Yo no entiendo lo que dices = Non capisco ciò che dici.*

A volte le vocali e, o, u si dittongano nella parte finale diventando –ie-, -ue-. Questo vale per verbi come querer, poder, doler, sentar, empezar, etc.

QUERER = VOLERE/AMARE

Yo **quiero**

Tú **quieres**

Él/ella/Usted **quiere**

Nosotros/as **queremos**

Vosotros/as **queréis**

Ellos/Ellas/Ustedes **quieren**

ESEMPIO: *Ella quiere ir al cine = Lei vuole andare al cinema.*

In alcuni verbi quando la vocale –e- della radice viene accentata, si chiude in –i-. Ad esempio in "pedir".

PEDIR = CHIEDERE

Yo **pido**

Tú **pides**

Él/ella/Usted **pide**

Nosotros/as **pedimos**

Vosotros/as **pedís**

Ellos/Ellas/Ustedes **piden**

ESEMPIO: *Ahora pido la cuenta al camarero = Ora chiedo il conto al cameriere.*

In alcuni verbi solo la prima persona è irregolare. Ad esempio, in hacer, poner, salir, valer, traer.

ESEMPI:

yo hago, tú haces, él hace...
yo pongo, tú pones, él pone...
yo salgo, tú sales, él sale...

In altri verbi come tener, venir, decir si registrano più irregolarità. Ad esempio, in tener, si nota che oltre alla prima persona irregolare, anche nosotros e vosotros presentano alterazione vocalica.

TENER = AVERE/TENERE

Yo **tengo**

Tú **tienes**

Él/ella/Usted **tiene**

Nosotros/as **tenemos**

Vosotros/as **tenéis**

Ellos/Ellas/Ustedes **tienen**

ESEMPIO: *Nosotros tenemos dos perros = Abbiamo due cani*

Infine, ci sono tre verbi totalmente irregolari al presente: ir, ser e haber. Degli ultimi due già abbiamo presentato le coniugazioni. Mentre per ir (andare) la coniugazione al presente indicativo è la seguente.

IR = ANDARE

Yo **voy**

Tú **vas**

Él/ella/Usted **va**

Nosotros/as **vamos**

Vosotros/as **vais**

Ellos/Ellas/Ustedes **van**

ESEMPIO*: Ellos van al supermercado = Vanno al supermercato.*

TEMPO PASSATO

In spagnolo abbiamo diverse forme di passato, ma nel parlato la forma più utilizzata sarà il pretérito perfecto, che corrisponde al passato prossimo. Si forma con il presente indicativo dell'ausiliare haber + il participio passato del verbo.

ESEMPIO*: He comido: Hoy he comido la pizza/ Oggi ho mangiato la pizza.*

Il participio passato dei verbi regolari in spagnoli si forma prendendo la radice del verbo, aggiungendo le seguenti desinenze:

-AR: -ADO

Esempio*: hablar = hablado*

-ER / - IR: -IDO

Esempio*: comer = comido / vivir = vivido*

ESEMPI:

Hoy he encontrado Luca = Oggi ho incontrato Luca

Ha llamado su padre ayer = Ha chiamato suo padre ieri

TEMPO FUTURO

Il **futuro** serve a esprimere azioni future ma non sicure (es. previsioni o supposizioni).

Per formare il futuro si usa l'infinitivo più le desinenze del presente di haber (in questo caso l'accento cade sempre sulla desinenza: -é, -ás, -á, -emos, -éis, -án).

SER

Yo seré = Io sarò

Tú serás = Tu sarà

Él /Ella/Usted será = Lui/Lei sarà

Nosotros/as seremos = Noi saremo

Vosotros/as seréis = Voi sarete

Ellos/Ellas/Ustedes serán = Loro saranno

ESTAR

Yo estaré = Io sarò

Tú estarás = Tu sarà

Él /Ella/Usted estará = Lui/Lei sarà

Nosotros/as estaremos = Noi saremo

Vosotros/as estaréis = Voi sarete

Ellos/Ellas/ Ustedes estarán = Loro saranno

HABER

Yo habré = Io avrò

Tú habrás = Tu avrai

Él /Ella/Usted habrá = Lui/Lei avrà

Nosotros/as habremos = Noi avremo

Vosotros/as habréis = Voi avrete

Ellos/Ellas/Ustedes habrán = Loro avranno

VERBI REGOLARI

HABLAR

Yo hablaré = Io parlerò

Tú hablarás = Tu parlerai

Él /Ella/Usted hablará = Lui/Lei parlerà

Nosotros/as hablaremos = Noi parleremo

Vosotros/as hablaréis = Voi parlerete

Ellos/Ellas/Ustedes hablarán = Loro parleranno

ESEMPIO*: Lunes hablaré contigo = lunedì parlerò con te.*

COMER

Yo comeré = Io mangerò

Tú comerás = Tu mangerai

Él /Ella/Usted comerá = Lui/Lei mangerà

Nosotros/as comeremos = Noi mangeremo

Vosotros/as comeréis = Voi mangerete

Ellos/Ellas/Ustedes comerán = Loro mangeranno

ESEMPIO*: Comerás una buena pizza en Nápoles = Mangerai una buona pizza a Napoli.*

<u>**VIVIR**</u>

Yo viviré = Io vivò

Tú viverás = Tu vivrai

Él /Ella/Usted vivirá = Lui/Lei vivrà

Nosotros/as viviremos = Noi vivremo

Vosotros/as viviréis = Voi vivrete

Ellos/Ellas/Ustedes vivirán = Loro vivranno

ESEMPIO*: Un dìa viviré con mi novio = Un giorno vivrò col mio fidanzato.*

REGOLE DI PRONUNCIA

Nonostante le similarità con l'italiano, ci sono alcune parole che si pronunciano in modo diverso rispetto alla nostra lingua.
Quindi vediamo nel dettaglio:

La **LL** si legge GL.
ESEMPIO: *calle* (strada) si pronuncia
caglie; *gallina* (gallina) si pronuncia *gaglina*.

Ñ si legge GN
ESEMPIO: *España* (Spagna) si pronuncia *espagna*; *mañana* (domani) si pronuncia *magnana*.

CH si pronuncia come la nostra CI.
ESEMPIO: *charlar* (chiacchierare) si pronuncia
ciarlar, *charco* (pozzanghera) si pronuncia *ciarco*.

QU si legge come una K se seguita dalle vocali E, I. La U non si pronuncia. Equivale a *che,chi.*
ESEMPIO: *Querer* (amare/volere) si legge *kerer*; *que* (che) si legge *ke*, *porque* (perché) si legge *porke*.

GUE GUI si leggono GHE GHI. Se la U presenta una dieresi (Ü), in questo caso si pronuncia GUE o GUI.

ESEMPIO: *guía* (guida) si pronuncia *ghia*, ma p*ingüino* (pinguino) si pronuncia invece *pinguino*, perché c'è dieresi.

B e V hanno un suono molto simile e spesso vengono confuse, ma hanno un suono molto vicino alla b italiana.

ESEMPIO: *Valiente* (coraggioso) si pronuncia *baliente.*

La **C**, se seguita da A, O, U, si pronuncia come in italiano.

La **C** seguita da E e I ha il suono simile alla "th" inglese in "thanks".

ESEMPIO: *cinema* va pronunciato *czinema*.

Nel caso di doppia C (CC), si pronuncia la prima come una K e la seconda come una C.

ESEMPIO: *acción* (azione) si pronuncia *aksión*.

La **G** e la **J** hanno un suono quasi aspirato, simile alla "H". La J a qualsiasi vocale, la G solo se seguita da E o I.

ESEMPIO: Rojo (rosso) diventa quasi roho, pronunciando quindi la h.

Oppure jugar (giocare) diventa hugar.

RELAZIONI
-
RELACIONES

1. **Famiglia = Familia**

La mia famiglia è unita.
Mi familia es unida.

2. **Zio = Tio**

Mio zio è bravo.
Mi tío es bueno.

3. **Zia = Tia**

Mia zia è una signora anziana.
Mi tía es una anciana.

4. **Cugino = Primo**

Mio cugino si chiama Peter.
Mi primo se llama Peter.

5. **Madre = Madre**

Mia madre è morta.
Mi madre está muerta.

6. **Padre = Padre**

Mio padre vive qui.
Mi padre vive aquí.

7. Mamma = Mamá

Mia mamma ama il mare.
Mi mamá ama el mar.

8. Papà = Papá

Mio papà adora i cani.
Mi papá ama los perros.

9. Nonno = Abuelo

Mio nonno ama i gatti.
Mi abuelo ama los gatos.

10. Nonna = Abuela

Mia nonna ama cucinare.
Mi abuela ama cocinar.

11. Nonni = Abuelos

I miei nonni arrivano domani.
Mis abuelos llegarán mañana.

12. Cognata = Cuñada

Mia cognata è americana.
Mi cuñada es Americana.

13. Cognato = Cuñado

Mio cognato ha i capelli rossi.
Mi cuñado tiene el cabello rojo.

14. Nuora = Nuera

Mia nuora cucina molto bene.
Mi nuera cocina muy bien.

15. Genero = Yerno

Suo genero è una persona molto intelligente.
Su yerno es una persona muy inteligente.

16. Suocero = Suegro

Ieri sono andato a trovare mio suocero. Mi ha cucinato la pasta.
Ayer fui a visitar a mi suegro. El me cocinó pasta.

17. Suocera = Suegra

Mia suocera ama fare shopping.
Mi suegra ama ir de compras.

18. Figlio = Hijo

Il figlio di Mario studia in Inghilterra e parla molto bene inglese.
El hijo de Mario estudia en Inglaterra y habla muy bien inglés.

19. Figlia = Hiija

Mia figlia è una scrittrice conosciuta.
Mi hija es una escritora muy conocida.

20. Figlio unico = Hijo único

Mario è figlio unico perché i suoi genitori erano troppo anziani per avere altri figli.

Mario es hijo único porque sus padres eran demasiado viejos para tener otros hijos.

21. Nipote = Sobrina

Mia nipote ama nuotare.
A mi sobrina le encanta nadar.

22. Nipote = Sobrino

Mio nipote si chiama Carlo.
Mi sobrino se llama Carlos.

23. Nipote = Nieto o Nieta

Amo mio nipote e mia nipote; gioco spesso con loro.
Amo a mi nieta y mi nieto; a menudo juego con ellos.

24. Sorella = Hermana

Mia sorella è intelligente.
Mi hermana es inteligente.

25. Fratello = Hermano

Mio fratello è geloso.
Mi hermano está celoso.

26. Parenti = Parientes

I miei parenti arrivano domani.
Mis parientes llegarán mañana.

27. Amicizia = Amistad

L'amicizia è una cosa magnifica.
La amistad es una cosa magnífica.

28. Amico = Amigo

Marco è mio amico.
Marco es mi amigo.

29. Amica = Amiga

Laura è una mia amica.
Laura es mi amiga.

30. Nemico = Enemigo

In Breaking Bad, Tuco è il nemico di Walter.
En Breaking Bad, Tuco es el Enemigo de Walter.

31. Rivale = Rival

Mattia è il rivale in amore di Marco.
Mattia es el rival romántico de Marcos.

32. Migliore amico = Mejor amigo

Luca è il mio migliore amico.
Luca es mi mejor amigo.

33. Fidanzata = Novia

La fidanzata di Matteo è Roberta.
Roberta es la novia de Matteo.

34. Fidanzato = Novio

Il fidanzato di Roberta è Matteo.
Matteo es el novio de Roberta.

35. Marito = Esposo

Ieri Mirko è diventato il marito di Michela.
Ayer Mirko se convirtió en el esposo de Michela.

36. Moglie = Esposa

Ieri Michela è diventata la moglie di Mirko.
Ayer Michela se convirtió en la esposa de Mirko.

37. Legame = Vinculo

L'amicizia è un legame molto forte.
La amistad es un vínculo muy fuerte.

38. Ragazzo = Chiquillo

Ha 14 anni, è solo un ragazzo.
Él tiene 14 años, es solo un chiquillo.

39. Ragazza = Chiquilla

Ha 12 anni; è una ragazza.
Ella tiene 12 años; Ella es una chiquilla.

40. Matrimonio = Matrimonio

Il nostro matrimonio è felice.
Nuestro matrimonio es feliz.

41. Coppia = Pareja

Siamo una vera coppia.
Somos una pareja de verdad.

42. Divorzio = Divorcio

Il divorzio è traumatico per i bambini.
El divorcio es traumático para los niños.

43. Abbracciare = Abrazo

Abbraccio sempre mia figlia.
Siempre abrazo a mi hija.

44. Amare = Amo

Amo le fragole!
¡Amo las fresas!

45. Ammirare = Admira

Mara ammira il tuo lavoro.
Mara admira tu trabajo.

46. Baciare = Besa

La mamma bacia il bambino.
La mamá besa al bebé.

47. Sposare = Casar

John ha sposato Maria.
John se casó con María.

TEMPO
-
TIEMPO

48. Lunedì = Lunes

Oggi è lunedì.
Hoy es Lunes.

49. Martedì = Martes

Domani sarà martedì.
Mañana será Martes.

50. Mercoledì = Miercoles

Mercoledì andrò in Olanda.
Voy a Holanda el Miércoles.

51. Giovedì = Jueves

Giovedì è morta mia mamma.
Mi mamá murió un jueves.

52. Venerdì = Viernes

Venerdì sarà soleggiato.
El viernes estará soleado.

53. Sabato = Sabado

Sabato andrò a scuola.
El sábado iré a la escuela.

54. Domenica = Domingo

Domenica è il mio giorno di riposo.
El domingo es mi día de descanso.

55. Secondo = Segundos

Quest'auto passa da 0 a 100 km/h in meno di 7 secondi.
Este automóvil puede ir de 0 a 100 km/h en menos de 7 segundos.

56. Minuto = Minutos

Sette minuti ci separavano dall'inizio dell'esame.
Teníamos siete minutos para el comienzo del examen.

57. Ora = Horas

Ci vogliono due ore e mezza per arrivare lì.
Se necesitan dos horas y media para llegar allí.

58. Anticipo = Anticipación

Il treno è arrivato con dieci minuti di anticipo.
El tren llegó con diez minutos de anticipación.

59. Cronometro = Cronometro

Uso il cronometro per provare il mio discorso.
Yo uso el cronómetro para practicar mi discurso.

60. Orario = Tiempo

L'orario di partenza è ancora da definirsi.
El tiempo de salida aún no se ha determinado.

61. Mezzanotte = Media noche

Come mai non stai dormendo?! È mezzanotte.
¿Por qué no duermes? Es media noche.

62. Mezzogiorno = Doce en punto

È mezzogiorno e vorrei mangiarmi una pizza in questo momento.
Son las doce en punto y me gustaría comer una pizza ahora mismo.

63. Venti e un quarto = Ocho y cuarto

Ieri ho cenato alle venti e un quarto.
Ayer cené a las ocho y cuarto.

64. Quindici e mezzo = Tres y media p.m.

Sono andato da Marco alle quindici e mezzo.
Fui a donde Marco a las tres y media de la tarde.

65. Cinque in punto = Cinco en punto

Ieri mi sono svegliato alle cinque in punto.
Ayer me desperté a las cinco en punto.

66. Ora legale = Horario de verano

Quasi tutti i paesi adottano l'ora legale d'estate, ma con date di passaggio differenti.
La mayoría de los países tienen horario de verano durante el verano, aunque con diferentes fechas de inicio.

67. Ora solare = Tiempo solar

Non ho mai capito come funzioni l'ora solare.
Nunca he entendido cómo funciona el tiempo solar.

68. Conto alla rovescia = Cuenta regresiva

La folla trattenne il respiro quando iniziò il conto alla rovescia per il lancio.
La multitud contuvo el aliento cuando comenzó la cuenta regresiva para el lanzamiento.

69. Ora locale = Hora local

L'aereo dovrebbe atterrare alle 4 del mattino ora locale.
El avión debe aterrizar a las 4 a.m. hora local.

70. Fuso orario = Zona horaria

La mia amica vive in un fuso orario diverso, quindi posso chiamarla solo di mattina.
Mi amiga vive en una zona horaria diferente, así que solo puedo llamarla por la mañana.

71. Gennaio = Enero

Il mese di gennaio è sempre il più freddo.
Enero es siempre el mes más frío.

72. Febbraio = Febrero

Febbraio è il mese del mio compleanno!
¡Febrero es mi mes de cumpleaños!

73. Marzo = Marzo

A marzo inizia la primavera e i fiori sbocciano.
En marzo comienza la primavera y las flores florecen.

74. Aprile = Abril

Ad aprile il tempo è sempre instabile.

En abril, el clima siempre es inestable.

75. Maggio = Mayo

Maggio è un mese importante per la religione cattolica.
Mayo es un mes importante por el Catolicismo.

76. Giugno = Junio

A giugno finiscono le scuole.
En junio las escuelas terminaron.

77. Luglio = Julio

A luglio tutte le nonne portano i bambini al mare.
En julio, todas las abuelas llevan a los niños a la playa.

78. Agosto = Agosto

Ad agosto le aziende sono chiuse.
En agosto las empresas cierran.

79. Settembre = Septiembre

A settembre riprendono le scuole: è ora di studiare.
En septiembre vuelven las escuelas: es hora de estudiar.

80. Ottobre = Octubre

A ottobre arriva finalmente l'autunno.
En octubre finalmente llega el otoño.

81. Novembre = Noviembre

A novembre il cielo è sempre grigio.

En noviembre el cielo siempre es gris.

82. Dicembre = Diciembre

A dicembre è il turno di Natale e Capodanno.
En diciembre es tiempo de Navidad y Nochevieja.

83. Primavera = Primavera

La primavera è ricca di profumi e di colori.
La primavera está llena de aromas y colores.

84. Estate = Verano

L'estate è quando maturano i frutti più succosi.
El verano es cuando maduran las frutas más suaves.

85. Autunno = Otoño

In autunno tutte le colline si colorano di mille sfumature e sembrano dei quadri.
En otoño, todas las colinas están coloreadas por miles de sombras y parecen pinturas.

86. Inverno = Invierno

In inverno gioco con la neve.
En invierno juego con nieve.

87. Buon Anno Nuovo! = ¡Feliz año nuevo!

Dopo il brindisi, buon anno nuovo!
¡Después del brindis, feliz año nuevo!

88. Buon Natale! = ¡Feliz navidad!

Ringrazio tutti per essere venuti e buon Natale!
¡Les agradezco a todos por venir y Feliz Navidad!

89. Buona Pasqua! = ¡Feliz pascua!

Questa è una occasione per augurarti una buona Pasqua!
¡Esta es una ocasión para desearles una feliz Pascua!

90. Buone Feste! = ¡Felices fiestas!

Buone feste a tutti voi!
¡Felices fiestas a todos!

91. Capodanno = Víspera de año nuevo

Dove festeggeremo il Capodanno?
¿Dónde celebraremos la víspera de Año Nuevo?

92. Carnevale = Carnaval

Il carnevale è la festa dove si può essere qualcun altro.
El carnaval es la fiesta donde todos pueden ser otra persona.

93. Natale = Navidad

Il giorno di Natale è il 25 Dicembre.
El día de Navidad es el 25 de diciembre.

94. Festa della Liberazione = Dia de la liberación

La Festa della Liberazione è il 25 aprile.
El día de la liberación es el 25 de abril.

95. Coniglio Pasquale = Conejo de Pascua

Uno dei simboli della Pasqua è il coniglio pasquale.
Uno de los símbolos de Pascua es el conejo de Pascua.

96. Domenica delle Palme = Domingo de ramos

Durante la Domenica delle Palme vengono benedetti gli olivi.
Durante el Domingo de Ramos, los olivos son bendecidos.

97. Epifania = Epifania

L'Epifania cade il 6 gennaio.
La epifanía ocurre el 6 de enero.

98. Ferragosto = Mediados de agosto

A Ferragosto mangiamo tutti insieme.
A mediados de agosto, todos comemos juntos.

99. Festa del Papà = Día de padre

La Festa del Papà è molto amata da mia figlia.
El día del padre es muy querido por mi hija.

100. Festa della Donna = Día de la mujer

La Festa della Donna è un giorno felice.
El día de la mujer es un día feliz.

101. Festa della Mamma = Dia de la madre

La Festa della Mamma è una festa dolce.
El día de la madre es una fiesta dulce.

102. Halloween = Noche de brujas

Farai dolcetto o scherzetto ad Halloween?
¿Saldrás a pedir dulces en noche de brujas?

103. Festività = Festividad

Ogni festività è un'occasione per festeggiare.
Cada festividad es una oportunidad para celebrar.

104. Pasqua = Pascua

La Pasqua porta con sé la primavera inoltrata.
La Pascua trae el final de la primavera.

105. San Valentino = Fiesta de los enamorados

San Valentino è la festa degli innamorati.
El día de San Valentín es la fiesta de los enamorados.

106. Regalare = Regalar

Cosa regali per Natale ai tuoi genitori?
¿Qué le vas a regalar a tus padres por Navidad?

107. Festeggiare = Celebrar

Io e la mia famiglia festeggiamo Capodanno tutti insieme.
Mi familia y yo vamos a celebrar la Nochevieja todos juntos.

ANIMALI
-
ANIMALES

108. Mammiferi = Mamiferos

Il delfino è un mammifero.
Los delfines son mamíferos.

109. Rettili = Reptiles

Nella famiglia dei rettili alcuni sono velenosi.
En la familia de los reptiles, algunos son venenosos.

110. Pesci = Peces

Nell'acquario ci sono molti pesci.
En el acuario hay muchos peces.

111. Crostacei = Mariscos

Nelle spiagge si possono trovare molti crostacei.
En las costas puedes encontrar muchos mariscos.

112. Molluschi = Almejas

Le meduse fanno parte della famiglia dei molluschi.
Las medusas son parte de la familia de las almejas.

113. Insetti = Bichos

Ho molte punture di insetti.
Tengo muchas picaduras de bichos.

114. Animali da fattoria = Animales de granja

Mio zio ha molti animali da fattoria.
Mi tío tiene muchos animales de granja.

115. Animali selvatici = Animale salvajes

Gli animali selvatici vivono nella giungla.
Los animales salvajes viven en la jungla.

116. Animali domestici = Mascotas

Vicino casa mia c'è un negozio per animali domestici.
Cerca de mi casa hay una tienda de mascotas.

117. Cane = Perro

Mario ha un cane vivace.
Mario tiene un perro animado.

118. Cavallo = Caballo

Il cavallo è un animale intelligente.
El caballo es un animal inteligente.

119. Coniglio = Conejo

Il coniglio è un animale curioso.
El conejo es un animal curioso.

120. Criceto = Hámster

Il criceto ha dei denti aguzzi.
El hámster tiene dientes afilados.

121. Gallina = Gallina

La gallina fa le uova.
La gallina pone huevos.

122. Gallo = Gallo

Ogni mattina sento cantare il gallo.
Todas las mañanas escucho el gallo cantando.

123. Gatto = Gato

Il gatto è un animale domestico.
El gato es una mascota.

124. Maiale = Cerdo

Luigi ha sei maiali nella sua fattoria.
Luigi tiene seis cerdos en su granja.

125. Mucca = Vaca

Nei pascoli di montagna ci sono le mucche.
En los pastos de montaña hay vacas.

126. Tacchino = Pavo

Marco ha sette tacchini nella sua fattoria.
Marco tiene siete pavos en su granja.

127. Topo = Ratón

Il topo mangia il formaggio.
El ratón come queso.

128. Asino = Burro

Mio zio ha un asino nella sua fattoria.
Mi tío tiene un burro en su granja.

129. Bue = Buey

Quella ragazza è forte come un bue.
Esa chica es tan fuerte como un buey.

130. Mulo = Mula

Quel mulo è molto aggressivo.
Esa mula es muy agresiva.

131. Capra = Cabra

Mio fratello vuole comprare una capra!
¡Mi hermano quiere comprar una cabra!

132. Pecora = Oveja

Quella pecora è bianca e quell'altra è nera.
Esa oveja es blanca y esa otra es negra.

133. Cervo = Ciervo

Il cervo ha gambc potenti.
El ciervo tiene patas fuertes.

134. Elefante = Elefante

L'elefante beve con la proboscide.
El elefante bebe con su trompa.

135. Leone = León

Il leone ruggisce.
El león ruge.

136. Orso = Oso

L'orso è un animale solitario.
El oso es un animal solitario.

137. Rana = Rana

La rana è un anfibio.
La rana es un anfibio.

138. Scimmia = Mono

In alcune culture, la scimmia è un animale domestico.
En algunas culturas, el mono es una mascota.

139. Scoiattolo = Ardilla

Nei giardini della città ci sono alcuni scoiattoli.
En los jardines de la ciudad hay algunas ardillas.

140. Serpente = Serpiente

Ho visto un serpente vicino a casa.
Vi una serpiente cerca de casa.

141. Volpe = Zorro

Ho visto una volpe vicino alla nostra casa.
Vi un zorro cerca de nuestra casa.

142. Balena = Ballena

La balena è un mammifero.
La ballena es un mamífero.

143. Delfino = Delfín

Il delfino ha un corpo lungo e agile.
El delfín tiene un cuerpo largo y ágil.

144. Granchio = Cangrejo

Esistono diverse tipologie di granchi.
Hay diferentes tipos de cangrejos.

145. Pesce = Pez

I pesci rossi sono considerati animali domestici da alcune persone.
Los peces dorados son considerados mascotas por algunas personas.

146. Squalo = Tiburón

Oltre la barriera corallina potresti trovare degli squali.
Puedes encontrar algunos tiburones más allá del arrecife.

147. Tartaruga = Tortuga

Ogni anno ci impegniamo a salvare delle tartarughe.
Cada año estamos comprometidos a salvar algunas tortugas.

148. Tonno = Atún

La pesca del tonno è un'attività tradizionale della Sicilia.
La pesca del atún es una actividad tradicional en Sicilia.

149. Salmone = Salmón

Hai visto quel salmone? È enorme!

¿Has visto ese salmón? ¡Es enorme!

150. Spigola = Lubina

Quella spigola è molto grande.
Esa lubina es muy grande.

151. Orata = Pez besugo

Ho comprato un'orata ieri.
Compré un pez besugo ayer.

152. Trota = Trucha

Ti piace la trota?
¿Te gustan las truchas?

153. Sogliola = Lenguado

Al mio amico Freddy non piace la sogliola.
A mi amigo Freddy no le gusta el lenguado.

154. Polpo = Pulpa

Lo vedi quel polpo laggiù?
¿Puedes ver ese pulpo allí?

155. Aragosta = Langosta

L'aragosta è molto costosa.
La langosta es muy cara.

156. Gambero = Camarones

I gamberi camminano all'indietro.
Los camarones caminan hacia atrás.

157. Pesce spada = Pez espada

Il pesce spada è molto gustoso.
El pez espada es muy sabroso.

158. Aquila = Águila

L'aquila ha grandi ali.
El águila tiene alas grandes.

159. Colomba = Paloma

La colomba è simbolo di pace.
La paloma es un símbolo de paz.

160. Gabbiano = Gaviota

Ci sono molti gabbiani vicino al mare.
Hay muchas gaviotas cerca del mar.

161. Pappagallo = Loro

Francesca ha un pappagallo molto colorato.
Francesca tiene un loro muy colorido.

162. Piccione = Paloma

Le piazze sono piene di piccioni.
Los cuadrados están llenos de palomas.

163. Uccello = Pajaros

Oggi ho visto uno stormo di uccelli.
Hoy he visto una bandada de pájaros.

164. Ape = Abeja

L'ape produce il miele.
La abeja produce miel.

165. Formica = Hormiga

La formica è un animale laborioso.
La hormiga es un animal trabajador.

166. Farfalla = Mariposa

Esistono molte specie di farfalle.
Hay muchas especies de mariposas.

167. Ragno = Araña

Alcuni ragni sono velenosi.
Algunas arañas son venenosas.

168. Abbaiare = Ladrar

Il tuo cane non smette di abbaiare! È arrabbiato con qualcuno?
¡Tu perro no para de ladrar! ¿Está enojado con alguien?

169. Miagolare = Maullar

Amo il mio gatto. Tutte le volte che vado via di casa inizia a miagolare.
Amo a mi gato. Cada vez que salgo de mi casa comienza a maullar.

170. Muggire = Mugir

Sono cresciuto in una fattoria e mi ricordo che la mattina sentivo le mucche muggire.
Crecí en una granja y recuerdo que por la mañana podía oír a las vacas mugir.

171. Nitrire = Relinchar

Quel cavallo nitrisce quando ha fame.
Ese caballo relincha cuando tiene hambre.

172. Squittire = Chillar

Quale verso fa il topo? Il topo squittisce!
¿Qué sonido hace un ratón? ¡El ratón chilla!

173. Ronzare = Zumbar

Odio queste zanzare! Mi ronzano sempre intorno.
¡Odio estos mosquitos! Siempre zumban a mi alrededor.

174. Allevatore = Criador de cerdos

Mio padre è un allevatore di maiali. Tuo padre che lavoro fa?
Mi padre es un criador de cerdos. ¿Cuál es el trabajo de tu padre?

175. Gattara = Gata

Mia madre mi dice sempre che diventerò una gattara.
Mi madre siempre me dice que me convertiré en una gata.

176. Veterinario = Veterinario

Stiamo portando il cane dal veterinario.
Estamos llevando al perro al veterinario.

177. Pescatore = Pescadores

I pescatori escono prima dell'alba.
Los pescadores salen antes del amanecer.

NUMERI E MISURE
-
NÙMEROS Y MEDIDAS

178. Numero pari = Número par

Il numero sedici è un numero pari.
El número dieciséis es un número par.

179. Numero dispari = Número impar

Il numero 13 è un numero dispari.
El número 13 es un número impar.

180. Numero cardinale = Cardinal

Il numero 99 è un numero cardinale.
El número 99 es un número cardinal.

181. Numero ordinale = Número ordinal

Secondo è un numero ordinale.
El segundo es un número ordinal.

182. Numero finito = Número finito

Un numero senza decimali è un numero finito.
Un número sin decimales es un número finito.

183. Numero primo = Número primo

Il numero tre è un numero primo.
El número tres es un número primo.

184. Numero relativo = Número relativo

Il numero -3 è un numero relativo.
El número -3 es un número relativo.

185. Insieme di numeri = Conjunto de números

Oggi il compito è stato quello di creare un insieme di numeri.
Hoy la tarea era crear un conjunto de números.

186. Numero irrazionale = Número irracional

Pi greco è considerato un numero irrazionale.
Pi es lo que se conoce como un número irracional.

187. Numero casuale = Número aleatorio

Oggi faremo l'estrazione di un numero casuale.
Hoy vamos a extraer un número aleatorio.

188. Numero civico = Número de casa

In questa via non ci sono numeri civici.
En esta calle no hay números de casa.

189. Numero telefonico = Número de telefono

Il mio numero telefonico non è disponibile.
Mi número de teléfono no está disponibile

190. Numero di carta credito = Número de tarjeta de credito

Ho bisogno del suo numero di carta di credito per il pagamento.
Necesito su número de tarjeta de crédito para el pago.

191. Codice avviamento postale = Código postal

Il mio codice di avviamento postale è 20100.
Mi código postal es 20100.

192. Latitudine = Latitud

Dovrebbe dire qualcosa a riguardo della latitudine.
Debería decir algo sobre la latitud.

193. Longitudine = Longitud

Il primo numero è una longitudine.
El primer número es una longitud.

194. Numero di identificazione = Número de identitad

Il suo numero di identificazione è 03.
Su identificación el número es 03.

195. Numero uno = Número uno

Pulire il bagno è la mia priorità numero uno ora.
Limpiar el baño es mi prioridad número uno en este momento.

196. Numero due = Número dos

Questo è il numero due.
Este es el número dos.

197. Numero tre = Número tres

Venga il numero tre.

Número tres por favor ven.

198. Numero quattro = Número cuatro

Il numero quattro è molto forte.
El número cuatro es muy fuerte.

199. Numero cinque = Número cinco

Avrai la maglia numero cinque.
Tendrás la camiseta número cinco.

200. Numero sei = Número seis

Domani ci sarà il numero sei.
Mañana habrá el número seis.

201. Numero sette = Número siete

Il numero sette è fortunato.
El número siete es afortunado.

202. Numero otto = Número ocho

Il numero otto è un oggetto vintage.
El número ocho es un objeto de estilo vintage.

203. Numero nove = Número nueve

Siamo arrivati al numero nove.
Nosotros llegamos al número nueve.

204. Numero dieci = Número diez

Se mi dai il numero dieci sarò felice.
Si me das el número diez, seré feliz.

205. Undici = Once

Quanti anni ha tua sorella? Undici?
¿Cuántos años tiene tu hermana? ¿Once?

206. Dodici = Doce

Quante persone ci saranno stasera alla festa? Dodici?
¿Cuántas personas van a estar en la fiesta esta noche? ¿Doce?

207. Tredici = Trece

Mio figlio ha tredici anni, ma è molto intelligente.
Mi hijo tiene trece años, pero es muy listo.

208. Quattordici = Catorce

Quest'anno ho perso quattordici chili.
Este año he perdido catorce kilos.

209. Quindici = Quince

Mia mamma e mio padre sono sposati da quindici anni.
Mi madre y mi padre llevan quince años casados.

210. Sedici = Dieciseis

Mi puoi dare sedici mele?
¿Podrías darme dieciséis manzanas?

211. Diciassette = Diecisiete

Tuo fratello è nato diciassette anni fa.

Tu hermano nació hace diecisiete años.

212. Diciotto = Dieciocho

Adesso ho diciotto anni e posso andare in vacanza da solo.
Ahora tengo dieciocho años y puedo irme de vacaciones solo.

213. Diciannove = Diecinueve

Il diciannove è il mio numero fortunato.
Diecinueve es mi número de la suerte.

214. Venti = Veinte

Piero ha venti compagni di classe.
Piero tiene veinte compañeros de clase.

215. Ventuno = Veintiuno

In America, non puoi comprare alcolici se non hai almeno ventuno anni.
En Estados Unidos, no puedes comprar alcohol si no tienes al menos veintiún años.

216. Ventidue = Veintidós

Ho comprato questo libro. Costa ventidue euro.
Compré este libro. Cuesta veintidós euros.

217. Ventitré = Veintitrés

Maria ha ventitré anni e vive da sola.
María tiene veintitrés años y vive sola.

218. Ventiquattro = Veinticuatro

Marisa e il suo fidanzato hanno ventiquattro anni.
Marisa y su novio tienen veinticuatro años.

219. Venticinque = Veinticinco

Ieri sera abbiamo venduto venticinque bottiglie di vino.
Anoche vendimos veinticinco botellas de vino.

220. Ventisei = Veintiséis

Sono nato il ventisei giugno del 1998.
Nací el veintiséis de junio de 1998.

221. Ventisette = Veintisiete

Devo lavorare per i prossimi ventisette anni.
Nací el veintiséis de junio de 1998.

222. Ventotto = Veintiocho

Il mio numero preferito è il ventotto, ma non posso dirti perché!
Mi número favorito es el veintiocho, ¡pero no puedo decirte por qué!

223. Ventinove = Veintinueve

Quanti anni ha tuo zio? Secondo me lui ha ventinove anni.
¿Cuántos años tiene tu tío? En mi opinión tiene veintinueve años.

224. Trenta = Treinta

Ho comprato trenta litri di birra al supermercato.

Compré treinta litros de cerveza en el supermercado.

225. Trentuno = Treinta y uno

Mia mamma ha trentuno anni.
Mi madre tiene treinta y un años.

226. Quaranta = Cuarenta

Ho bisogno di una vacanza di quaranta giorni!
¡Necesito unas vacaciones de cuarenta días!

227. Cinquanta = Cinquenta

Ci sono cinquanta alunni in questa scuola. È molto piccola!
Hay cincuenta estudiantes en esta escuela. ¡Es muy pequeña!

228. Cinquantotto = Cinquenta y ocho

Cinquantotto è il mio numero fortunato.
Cincuenta y ocho es mi número de la suerte.

229. Cento = Cien

Mi dai cento dollari? Mi servono per i libri.
¿Me podría dar cien dólares por favor? Los necesito para los libros.

230. Centoquindici = Ciento quince

Mio nonno è morto a centoquindici anni.
Mi abuelo murió a los ciento quince años.

231. Centosettantacinque = Ciento setenta y cinco

Allo zoo ci sono centosettantacinque animali.
En el zoológico hay ciento setenta y cinco animales.

232. Mille = Mil

Ho provato a risolvere questo problema mille volte, ma non trovo la soluzione.
He tratado de resolver este problema mil veces, pero no puedo encontrar la solución.

233. Millequattrocento = Mil cuatrocientos

Sono stato ad una festa con millequattrocento invitati.
Estuve en una fiesta con mil cuatrocientos invitados.

234. Millenovecentoventidue = Mil novecientos veintidós

Nella mia città ci sono millenovecentoventidue abitanti.
En mi ciudad hay mil novecientos veintidós habitantes.

235. Diecimila = Diez mil

Sono sufficienti dieci mila euro per pagare questa auto?
¿Son diez mil dólares suficientes para pagar este auto?

236. Centomila = Cien mil

Questa casa costa centomila dollari.
Esta casa cuesta cien mil dólares.

237. Tre milioni = Tres millones

La vincita della lotteria ammonta a tre milioni di euro questa settimana.
El premio de lotería es de tres millones de euros esta semana.

238. Sette miliardi = Siete mil millones

Ci sono sette miliardi di persone sulla Terra.
Hay siete mil millones de personas en la Tierra.

239. Primo = Primero

Sono arrivato primo.
Yo llegué primero.

240. Secondo = Segundo

Ero al secondo anno di liceo.
Estaba en mi segundo año de secundaria.

241. Terzo = Tercero

Sono sempre il terzo arrivato.
Yo siempre llego de tercero.

242. Quarto = Cuarto

Gary è arrivato quarto alla gara di nuoto.
Gary terminó de cuarto en la competencia de natación.

243. Quinto = Quinto

Vettel si è qualificato quinto.
Vettel calificó de quinto.

244. Sesto = Sexto

Ero il sesto della mia classe.
Yo era el sexto de mi clase.

245. Settimo = Septima

Sono la settima generazione della mia famiglia.
Soy la séptima generación de mi familia.

246. Ottavo = Octava

Questo è l'ottavo pc che compro.
Esta es la octava PC que compro.

247. Nono = Novena

Al nono incrocio gira a destra.
En la novena intersección, gire a la derecha.

248. Decimo = Décimo

John è il decimo figlio di Theresa.
John es el décimo hijo de Theresa.

249. Infinito = Infinito

Infinito è un numero grande.
Infinito es un gran número.

250. Frazione = Fracción

La frazione genera un numero decimale.
La fracción genera un número decimal.

251. Percentuale = Porcentaje

La percentuale è uno strumento matematico per rapportare due grandezze.
El porcentaje es una herramienta matemática que relaciona dos cantidades.

252. Divisione = División

La divisione è l'operazione opposta alla moltiplicazione.
La división es la operación inversa a la multiplicación.

253. Moltiplicazione = Multiplicación

La moltiplicazione è l'operazione opposta alla divisione.
La multiplicación es la operación inversa a la división.

254. Somma = Suma

La somma è il risultato della operazione di addizione.
La suma es el resultado de la operación de suma.

255. Sottrazione = Resta

Oggi a scuola devo imparare la sottrazione.
Hoy en la escuela debo aprender resta.

256. Derivata = Derivaciones matemáticas

Sai calcolare le derivate?
¿Puedes resolver derivaciones matemáticas?

257. Equazione = Equación

Ecco la risposta all'equazione.

Y esa es la respuesta a la ecuación.

258. Integrale = Integrales

Gli integrali sono difficili da risolvere.
Los integrales son difíciles de resolver.

259. Maggiore = Mayor

Uno è maggiore di zero.
Uno es mayor que cero.

260. Massimo comune divisore = Máximo común denomidador

Il massimo comune divisore tra 4 e 3 è 1.
El máximo común denominador entre 4 y 3 es 1.

261. Minimo comune multiplo = Mínimo común múltiplo

Il minimo comune multiplo tra 3 e 2 è 6.
El mínimo común múltiplo entre 3 y 2 es 6.

262. Minore = Menor

Tre è minore di cinque.
Tres es menor que cinco.

263. Radice quadrata = Raiz cuadrada

La radice quadrata di 4 è 2.
La raíz cuadrada de 4 es 2.

264. Base numerica = Base numérica

Sai cambiare la base numerica?
¿Puedes cambiar la base numérica?

265. Sistema binario = Sistema binario

I computer lavorano con il sistema binario.
Las computadoras funcionan con sistema binario.

266. Calcolatrice = Calculadora

Non posso usare la calcolatrice durante l'esame.
No puedo usar la calculadora durante el examen.

267. Costante = Constante

Pi greco è una costante matematica.
Pi es una constante matemática.

268. Pin = Código de accesso

Il pin è 170419.
El código de acceso es 170419.

269. Serie numerica = Serie numérica

Completa la serie numerica.
Completa la serie numérica.

270. Sistema lineare = Sistema lineal

I sistemi lineari sono facili da risolvere.
Los sistemas lineales son fáciles de resolver.

271. Teorema = Teorema

Il teorema di Pitagora ti sarà utile.
El teorema de Pitágoras te ayudará.

272. Metro = Metro

Dobbiamo camminare per 600 metri.
Nosotras debemos caminar por 600 metros.

273. Centimetro = Centimetro

Sei più alto di me di pochi centimetri.
Eres unos centímetros más alta que yo.

274. Millimetro = Milimetro

La graffetta è spessa un millimetro.
El clip de papel tiene un milímetro de grosor.

275. Chilometro = Kilometro

Tra un chilometro siamo arrivati a destinazione.
En un kilómetro llegaremos a nuestro destino.

276. Litro = Litro

Il mio acquario contiene 200 litri d'acqua.
Mi acuario contiene 200 litros de agua.

277. Densità = Densidad

Il ferro ha una densità più alta del legno.
El hierro tiene una densidad más alta que la madera.

278. Altezza = Estatura

È un uomo di media altezza.
Es un hombre de estatura promedio.

279. Profondità = Profundidad

Qui l'acqua ha una profondità sconosciuta.
Aquí el agua tiene una profundidad desconocida.

280. Distanza = Distancia

È una distanza di 25 km.
Es una distancia de 25 km.

281. Lunghezza = Longitud

La lunghezza della casa era 15 metri.
La casa tenía una longitud de 15 metros.

282. Velocità = Velocidad

Il treno viaggia alla velocità di 100 km/h.
El tren viaja a la velocidad de 100 km/h.

283. Potenza = Poder

Il motore di una macchina sprigiona tantissima potenza.
El motor de un automóvil libera mucho poder.

284. Accelerazione = Aceleración

L'accelerazione descrive come aumenta la velocità nel tempo.

La aceleración describe cómo la velocidad aumentada con el tiempo.

285. Frequenza = Frecuencia

La mia frequenza respiratoria è molto alta.
Mi frecuencia respiratoria es muy alta.

286. Massa = Masa

La tua massa è diminuita notevolmente, hai seguito una dieta?
Su masa ha disminuido considerablemente, ¿ha seguido una dieta?

287. Superficie = Superficie

La superficie di quel palazzo è da restaurare.
Esa superficie del edificio debe ser restaurada.

288. Area = Área

L'area di un cerchio dipende dal raggio.
El área de un círculo depende del radio.

289. Volume = Volumen

Il volume di quella bottiglia è molto piccolo.
El volumen de esa botella es muy pequeño.

290. Intensità = Intensidad

Hai un'ottima intensità di allenamento.
Tienes una gran intensidad de entrenamiento.

291. Peso = Peso

Il mio cane ha un peso nella media.
El peso de mi perro es promedio.

292. Chilogrammo = Kilogramos

Quel tavolo pesa 15 chilogrammi.
Esa mesa pesa 15 kilogramos.

293. Decigrammo = Decigramos

Il mio quaderno pesa 1 decigrammo.
Mi cuaderno pesa 1 decigramo.

294. Milligrammo = Miligramo

Il milligrammo si usa per pesare piccoli oggetti.
El miligramo se usa para pesar objetos pequeños.

295. Grammo = Gramo

Il grammo è l’unità di base della massa.
El gramo es la unidad básica de masa.

296. Sommare = Suma

Mara somma le sue spese.
Mara suma sus gastos.

297. Moltiplicare = Multiplicar

Moltiplica per due.
Multiplicar por dos.

298. Dividere = Dividir

Non puoi dividere un numero per zero.
No puedes dividir un número por cero.

299. Sottrarre = Resta

La cassiera sottrae 2 euro di sconto.
La cajera resta 2 euros de descuento.

300. Misurare = Mide

Bill misura le dimensioni della porta.
Bill mide el tamaño de la puerta.

301. Contare = Cuenta

Johanna conta i soldi che le restano nel portafoglio.
Johanna cuenta el dinero restante en la billetera.

GIORNATA E ROUTINE

-

DIA Y RUTINA

302. Alba = Amanecer

Stamattina mi sono svegliato all'alba.
Esta mañana me desperté al amanecer.

303. Mattino = Mañana

Mi sveglio presto ogni mattina.
Me levanto temprano todas las mañanas.

304. Pomeriggio = Tarde

Spesso mi annoio nel pomeriggio.
A menudo me aburro por la tarde.

305. Sera = Tarde

La sera amo guardare la tv sul divano.
Por la tarde, me encanta ver la televisión en el sofá.

306. Tramonto = Atardecer

Esco di casa al tramonto.
Salgo de casa al atardecer.

307. Notte = Noche

Vado a dormire tardi di notte.
Me acuesto tarde por la noche.

308. Svegliarsi = Levantar

Ogni mattina mi sveglio all’alba.
Todas las mañanas me levanto al amanecer.

309. Colazione = Desayuno

Mangio latte e cereali per colazione.
Como leche con cereales para el desayuno.

310. Lavarsi i denti = Cepillar los dientes

Lavo i denti ogni mattina.
Me cepillo los dientes todas las mañanas.

311. Fare la doccia = Tomar una ducha

Faccio sempre la doccia appena torno a casa.
Siempre tomo una ducha cuando regreso a casa.

312. Vestirsi = Vestir

Mi vesto sempre bene.
Siempre me visto bien.

313. Andare a Lavoro = Voy a trabajar

Vado a lavoro ogni giorno alle 15:00.
Voy a trabajar todos los días a las 3.00 p.m.

314. Fare i compiti = Hacer tarea

Di solito faccio i compiti appena torno da scuola.
Usualmente hago mi tarea tan pronto como regreso de la escuela.

315. Pranzo = Almuerzo

Mangio sempre un panino per pranzo.
Siempre como un sándwich para el almuerzo.

316. Aperitivo = Tomar

Ci vediamo domani per un aperitivo?
¿Nos veremos mañana para tomar una copa?

317. Cena = Cena

Preparo la cena per i miei nonni.
Estoy cocinando la cena para mis abuelos.

318. Navigare sul web = Navegar por la web

Navigo spesso sul web.
A menudo navego por la web.

319. Portare fuori la spazzatura = Sacar la basura

Porto sempre fuori la spazzatura.
Siempre saco la basura.

320. Riposo = Relajación

La domenica è il mio giorno di riposo.
El domingo es mi día de relajación.

AGGETTIVI
-
ADJECTIVOS

321. Abbronzato = Broceado

Luca mi sembra abbronzato, è stato al mare?
Luca parece bronceado, ¿ha estado en el mar?

322. Affabile = Agradable

Mi piace stare in sua compagnia perché è una persona simpatica e affabile.
Me gusta estar en su compañía porque es una persona buena y agradable.

323. Affettuoso = Afectuosa

Bonnie è sempre stata una persona affettuosa; adora abbracciare le persone e stringerne le mani.
Bonnie siempre ha sido una persona afectuosa; Le encanta abrazar a las personas y tomar sus manos.

324. Affidabile = Confiable

Sono affidabili questi dati?
¿Son confiables estos datos?

325. Allegro = Alegre

Fiona di solito è allegra di mattina.
Fiona suele estar alegre por la mañana.

326. Alto = Alto

Quel grattacielo è alto, ma quello nuovo in costruzione a fianco sarà ancora più alto.
Ese rascacielos es alto, pero el nuevo que están construyendo al lado será aún más alto.

327. Ambizioso = Ambicioso

Era abbastanza ambiziosa da mirare alla presidenza dell'azienda.
Era lo suficientemente ambicioso como para aspirar a la presidencia de la compañía.

328. Amichevole = Amigable

È una persona talmente amichevole. Piace a tutti.
Es una persona muy amigable. A todos les gusta.

329. Antipatico = Desagradable

Il nuovo ragazzo di mia sorella è davvero antipatico.
El nuevo novio de mi hermana es realmente desagradable.

330. Arrogante = Arrogante

Il supervisore del nostro dipartimento è arrogante e maleducato.
El supervisor de nuestro departamento es arrogante y grosero.

331. Assennato = Sensato

Era un professionista assennato e ci si poteva fidare di lui.
Era un profesional sensato y se podía confiar en él.

332. Atletico = Atlético

I calciatori hanno un fisico atletico.
Las futbolistas tienen un cuerpo atlético.

333. Autoritario = Autoritario

Il suo tono autoritario mise rapidamente in riga gli studenti indisciplinati.
Su tono autoritario rápidamente volvió a poner en fila a los estudiantes rebeldes.

334. Avaro = Malo

Al contrario del suo generoso fratello, lui è un uomo avaro.
A diferencia de su generoso hermano, él es un hombre malo.

335. Avventuroso = Aventurero

Non sono abbastanza avventuroso da provare lo skydiving.
No soy lo suficientemente aventurero como para intentar hacer paracaidismo.

336. Basso = Bajo

Nella mia famiglia siamo tutti molto bassi.
En mi familia todos somos muy bajos.

337. Bello = Hermoso

In Scozia, il paesaggio è molto bello.
En Escocia, el paisaje es muy hermoso.

338. Benestante = Adinerada

Ho avuto la fortuna di crescere in una famiglia benestante.

Tuve la suerte de crecer en una familia adinerada.

339. Brillante = Brillante

È sempre stato uno studente brillante.
Siempre ha sido un estudiante brillante.

340. Brutto = Malo

Ho paura di avere brutte notizie per voi.
Me temo que tengo malas noticias para ti.

341. Buono = Bueno

Ha studiato molto e ha avuto dei buoni voti quest'anno.
Estudió mucho y sacó buenas notas este año.

342. Calmo = Calmado

Era calmo nonostante la pressione che aveva addosso.
Estaba calmado a pesar de la presión sobre él.

343. Cattivo = Mala

La ricezione del televisore era cattiva.
La recepción de la televisión fue mala.

344. Cicciottello = Gordo

Ellen non era sovrappeso, ma si vedeva cicciottella.
Ellen no tenía sobrepeso, pero se consideraba gorda.

345. Coraggioso = Valiente

I soldati coraggiosi si precipitarono sul campo di battaglia.
Los valientes soldados se precipitaron al campo de batalla.

346. Creativo = Creativo

Il mio insegnante di materie artistiche è molto creativo e produce opere molto originali.
Mi profesor de arte es muy creativo y produce obras realmente originales.

347. Deciso = Decidido

Non è mai molto deciso nei suoi rapporti personali.
Él nunca es muy decidido en sus relaciones personales.

348. Determinato = Determinado

Quando voglio qualcosa, so essere molto determinato.
Cuando quiero algo, puedo estar muy determinado.

349. Di carattere dolce = Buen temperamento

Paola è una ragazza di carattere dolce.
Paola es una chica de buen temperamento.

350. Di mezza età = Mediana edad

È una donna di mezz'età.
Ella es una mujer de mediana edad.

351. Diabolico = Diabólica

La sua faccia sorrideva in modo gentile, ma la sua risata era diabolica.

Su rostro sonreía amablemente, pero su risa era diabólica.

352. Disinteressato = Desinteresada

Abbiamo bisogno dell'opinione di una parte disinteressata.
Necesitamos la opinión de una parte desinteresada.

353. Disonesto = Deshonesto

Bisogna stare attenti a non circondarsi di amici disonesti.
Debemos tener cuidado de no rodearnos de amigos deshonestos.

354. Dispettoso = Travieso

Anthony è un ragazzo dispettoso e gioca sempre dei brutti tiri.
Anthony es un niño travieso y siempre juega malas bromas.

355. Disponibile = Servicial

Sara è una ragazza sempre carina e disponibile.
Sara siempre es una chica agradable y servicial.

356. Educato = Educada

Le persone educate non discutono in pubblico.
Las personas educadas no discuten en público.

357. Egoista = Egoista

Non farà questa cosa per te perché è molto egoista.
Ella no hará eso por ti porque es muy egoísta.

358. Emotivo = Emocional

È una persona emotiva.
Él es una persona emocional.

359. Energico = Enérgico

I bambini stanno diventando troppo energici per i loro nonni.
Los niños se están volviendo demasiado enérgicos para sus abuelos.

360. Entusiasta = Entusiasta

Adam è uno studente entusiasta che fa sempre domande interessanti in classe.
Adam es un estudiante entusiasta que siempre hace preguntas interesantes en el aula.

361. Estroverso = Extrovertido

Glenn è estroversa: adora andare alle feste e non ha problemi a parlare con gli estranei.
Glenn es extrovertido; le encanta ir a fiestas y no le importa hablar con extraños.

362. Esuberante = Exuberante

La personalità esuberante di Sally attraeva molti ammiratori.
La personalidad exuberante de Sally atrajo a muchos admiradores.

363. Fiducioso = Confianza

Non sono fiducioso sull'esito del mio colloquio con l'assessore.
No tengo mucha confianza en el resultado de mi entrevista con el asesor.

364. Geloso = Celoso

Era geloso di suo fratello che era più intelligente e più carino di lui.
Estaba celoso de su hermano, que era más listo y mejor parecido que él.

365. Generoso = Generoso

Nate era generoso con i suoi amici, ma trascurava i suoi bisogni.
Nate fue generoso con sus amigas, pero descuidó sus propias necesidades.

366. Giovane = Joven

È ancora giovane ed ha molto da imparare.
Todavía es joven y tiene mucho que aprender.

367. Ignorante = Ignorante

Non perdiamo tempo ad ascoltare lo sbraitare di quei teppistelli ignoranti.
No perdamos el tiempo escuchando los gritos de esos matones ignorantes.

368. Impulsivo = Impulsivo

Mio fratello è impulsivo, agisce sempre senza pensare.
Mi hermano es impulsivo, siempre actúa sin pensar.

369. Insicuro = Insegura

Il suo atteggiamento insicuro era un segno di debolezza.
Su actitud insegura era un signo de debilidad.

370. Intelligente = Inteligente

Era un bambino intelligente.
Era un niño inteligente.

371. Introverso = Introvertido

Mio figlio è piuttosto introverso; vorrei che fosse più socievole!
Mi hijo es bastante introvertido; ¡Ojalá pudiera ser más social!

372. Laborioso = Laborioso

È un compito molto laborioso.
Es una tarea muy laboriosa.

373. Leale = Leal

È leale come un vero amico.
Es leal como un verdadero amigo.

374. Loquace = Hablador

L'insegnante separò l'alunno loquace dai suoi amici.
El profesor separó al alumno hablador de sus amigos.

375. Lunatico = Mal humor

Dan poteva essere un po' lunatico; quindi era importante farlo contento se si voleva qualcosa da lui.
Dan podría estar un poco malhumorado, así que era importante mantenerlo feliz si querías algo de él.

376. Magro = Delgado

Quel tipo magro laggiù continua a seguirmi.
Ese tipo delgado de allá todavía me sigue.

377. Maldestro = Torpe

Jake è proprio maldestro: va sempre a sbattere contro qualcosa e qualsiasi cosa abbia in mano la fa cadere.
Jake es tan torpe: siempre se encuentra con algo y deja caer todo lo que trae en sus manos.

378. Maleducato = Grosero

È stata una cosa maleducata da dire.
Eso fue algo grosero que decir.

379. Malvagio = Malvado

Il bambino malvagio tormentava il gattino.
El niño malvado atormentó al gatito.

380. Massiccio = Macizo

Il tavolo della cucina è in legno massiccio.
La mesa de la cocina está hecha de madera maciza.

381. Maturo = Maduro

Era un ragazzo maturo nonostante avesse sedici anni.

Era un niño maduro, aunque tenía dieciséis años.

382. Mite = Temperamento calmado

Mio padre era un uomo calmo che non alzava mai la voce.
Mi padre era un hombre de temperamento calmado que nunca alzó la voz.

383. Modesto = Modesta

Kate era molto modesta e non le piaceva ricevere attenzioni.
Kate era muy modesta y no le gustaba demasiada atención.

384. Nervoso = Nervioso

Sono sempre nervoso prima di un test.
Siempre estoy nervioso antes de una prueba.

385. Noioso = Aburrida

Voglio andarmene da questa lezione noiosa.
Quiero dejar esta clase aburrida.

386. Obeso = Obeso

Il suo fisico obeso gli rendeva ormai difficile anche camminare.
Su físico obeso dificultaba incluso caminar.

387. Onesto = Honesta

Una persona onesta non ha bisogno di ricordare cosa ha detto.

Una persona honesta no necesita recordar lo que dijo.

388. Ottuso = Densa

Odio avere a che fare con persone ottuse.
Odio tratar con personas densas.

389. Paziente = Paciente

Per essere un buon pescatore bisogna essere pazienti.
Para ser un buen pescador debes ser paciente.

390. Pazzo = Loco

Era pazzo e hanno dovuto mandarlo all'ospedale psichiatrico.
Estaba loco y tuvieron que enviarlo a un hospital psiquiátrico.

391. Pigro = Perezoso

È intelligente, ma pigro.
Es inteligente, pero perezoso.

392. Pratico = Practica

Belinda è una persona troppo pratica per buttare via la sua carriera a causa di un uomo.
Belinda es una persona demasiado práctica para tirar una buena carrera por un hombre.

393. Prepotente = Autoritaria

Karen non gradiva i modi prepotenti di Lisa.
Karen no apreciaba la actitud autoritaria de Lisa.

394. Presuntuoso = Vaniteux

Owen è presuntuoso ed è difficile parlarci.
Owen es vanidosa y difícil de hablar.

395. Prudente = Cauteloso

Joe è un uomo d'affari prudente; non gli piace rischiare.
Joe es un hombre de negocios cauteloso; a él no le gusta correr riesgos.

396. Responsabile = Responsable

Sì, Giovanni è una persona responsabile.
Sí, Giovanni es una persona responsable.

397. Riflessivo = Reflexivo

Franco ha un carattere riflessivo.
Franco tiene un carácter reflexivo.

398. Riservato = Reservado

Lucia è sempre stata una ragazza molto riservata.
Lucia siempre ha sido una chica muy reservada.

399. Rispettabile = Respetable

Roberto era un uomo onesto e rispettabile.
Roberto era un hombre honesto y respetable.

400. Ristretto di vedute = Mente cerrada

Non sono così ristretto di vedute da imporre i miei gusti personali agli altri.

No soy tan mente cerrada como para imponer mi gusto personal a los demás.

401. Schizzinoso = Quisquilloso

Paul era molto schizzinoso e tendeva a metterci molto a fare le cose.
Paul era muy quisquilloso y solía no hacer las cosas muy rápido.

402. Sciocco = Tonto

Il comico era conosciuto per il suo sciocco umorismo.
El comediante era conocido por su humor tonto.

403. Serio = Serio

Non sto scherzando. Sono serio.
No estoy bromeando. Lo digo en serio.

404. Sicuro = Segura

Non sono sicuro che sia una buona idea.
No estoy segura de que sea una buena idea.

405. Simpatico = Agradable

Giulio è un ragazzo simpatico e amato da tutti.
Giulio es un chico agradable y todos lo quieren.

406. Sincero = Sincera

Quello non era di certo un sorriso sincero.
Eso definitivamente no fue una sonrisa sincera.

407. Snob = Presumidos

I vicini ci evitano perché sono snob.
Los vecinos nos están evitando porque son presumidos.

408. Socievole = Sociable

I nuovi vicini sembrano molto socievoli, non credi?
Las nuevas vecinas parecen muy sociables, ¿no crees?

409. Stolto = Tonto

Ryan ha commesso uno stolto errore.
Ryan cometió un error tonto.

410. Stupido = Lerdo

Era troppo stupida per pensare ad un'alternativa.
Era demasiado lerdo para pensar en una alternativa.

411. Terribile = Terrible

È stata un'esperienza terribile.
Fue una experiencia terrible.

412. Testardo = Terco

Era testardo e rifiutava di ammettere che si sbagliava.
Era terco y se negó a admitir que estaba equivocado.

413. Timido = Timida

La ragazzina era così timida che si nascondeva quando qualcuno le parlava.

La niña era tan tímida que se escondió cuando alguien le habló.

414. Tollerante = Tolerante

Finora sono stato tollerante.
Hasta ahora, he sido tolerante.

415. Vecchio = Viejo

Quel vecchio falegname dovrebbe andare in pensione.
Ese viejo carpintero debería retirarse.

416. Vivace = Animado

È un bambino piuttosto vivace.
Es un niño bastante animado.

417. Veloce = Rápida

Questa bici è davvero veloce.
Esta bicicleta es realmente rápida.

COSA C'È NELLA CITTA'?
-
¿QUÉ HAY EN LA CIUDAD?

418. Corso = Avenida

Corso Buenos Aires è pieno di negozi.
La avenida Buenos Aires está llena de tiendas.

419. Fermata dell'autobus = Parada de Autobús

Ti aspetto alla fermata dell'autobus.
Te estoy esperando en la parada de autobús.

420. Strisce pedonali = Cruce de peatones

Devi fermarti alle strisce pedonali.
Debe detenerse en el cruce de peatones.

421. Marciapiede = Acera

Rimani sul marciapiede, è più sicuro.
Quédate en la acera, es más seguro.

422. Panchine = Banco

Sono in anticipo, mi siedo su una panchina ad aspettarti.
Llego temprano, me sentaré en un banco esperándote.

423. Parcheggio = Estacionamiento

Sto cercando un parcheggio.
Estoy buscando un lugar de estacionamiento.

424. Parcheggio auto = Puesto de estacionamiento

I parcheggi auto sono sempre meno.

Cada hay vez menos puestos de estacionamiento.

425. Parcheggio taxi = Parada de Taxis

Se vai al parcheggio taxi puoi trovare qualcuno.
Si vas a la parada de taxis puedes encontrar a alguien.

426. Parco = Parque

Il parco la notte chiude.
El parque cierra por la noche.

427. Periferie = Suburbios

Le periferie sono sovrappopolate.
Los suburbios están superpoblados.

428. Piazza = Plaza

Ci sono molti negozi nella piazza.
Hay muchas tiendas en la plaza.

429. Piazza centrale = Plaza principal

Ci troviamo nella piazza principale.
Nosotros estamos en la plaza principal.

430. Piscina pubblica = Piscinas públicas

Hanno aperto le piscine pubbliche.
Ellos han abierto piscinas públicas.

431. Quartiere = Barrio

Viviamo in un quartiere molto tranquillo.

Nosotros vivimos en un barrio muy tranquilo.

432. Quartiere popolare = Barrio popular

Mario vive in un quartiere popolare.
Mario vive en un barrio popular.

433. Quartiere residenziale = Barrio residencial

Si vive bene in questo quartiere residenziale.
Tu vives bien en este barrio residencial.

434. Ufficio polizia = Oficina de policia

Se hai necessità vai all'ufficio polizia.
Si lo necesita, vaya a la oficina de policía.

435. Ufficio Postale = Oficina de correo

Ho bisogno di andare all'ufficio postale per spedire un pacco.
Necesito ir a la oficina de correos para enviar un paquete.

436. Via = Calle

Le vie delle città vecchie sono strette.
Las calles de las ciudades antiguas son estrechas.

437. Stazione degli autobus =Estación de autobuses

La stazione degli autobus si trova a due chilometri.
La estación de autobuses está a dos kilómetros de distancia.

438. Stazione dei pompieri = Estación de bomberos

La stazione dei pompieri è sempre operativa.
La estación de bomberos siempre está operativa.

439. Strada = Carretera

La strada è molto trafficata.
La carretera está muy ocupada.

440. Sobborgo = Suburbio

Ogni sobborgo ha i suoi problemi.
Cada suburbio tiene sus problemas.

441. Scuola = Escuela

Le scuole chiudono a giugno.
Las escuelas cierran en junio.

442. Ospedale = Hospital

Dove è l'ospedale più vicino per favore?
¿Dónde está el hospital más cercano, por favor?

443. Cimitero = Cementerio

Il cimitero ha un orario invernale e uno estivo.
El cementerio tiene un horario de invierno y verano.

444. Chiesa = Iglesia

La chiesa celebra la messa la domenica.
La iglesia celebra misa el domingo.

445. Grattacieli = Rascacielos

Il distretto finanziario è pieno di grattacieli.
El distrito de negocios está lleno de rascacielos.

446. Palazzo d'epoca = Edificios antiguos

I palazzi d'epoca si trovano principalmente in centro.
Los edificios antiguos se encuentran principalmente del centro.

447. Palazzo storico = Edificios históricos

I palazzi storici del centro sono del XVIII secolo.
Los edificios históricos del centro son del siglo XVIII.

448. Palazzo di uffici = Edificio de oficinas

Questo è un palazzo di uffici.
Este es un edificio de oficinas.

449. Palazzo signorile = Mansión

Mara vive in un palazzo signorile.
Mara vive en una mansión.

450. Biblioteca = Biblioteca

La biblioteca organizza incontri interessanti dedicati all'arte.
La biblioteca organiza interesantes reuniones dedicadas al arte.

451. Bar = Bar

Conosco un bar in centro.

Conozco un bar en el centro.

452. Mercato = Mercado

Trovi spesso prezzi speciali al mercato.
A menudo encuentra precios especiales en el mercado.

453. Borsa = Bola de valores

La Borsa sta aprendo le trattative.
La bola de valores está abriendo negociaciones.

454. Pompa di benzina = Bomba de gasolina

La pompa di benzina è rotta.
La bomba de gasolina está dañada.

455. Autolavaggio = Lavado de Auto

Oggi vado all'autolavaggio perché la mia macchina è veramente sporca.
Hoy voy al lavado de autos porque mi auto está sucio.

456. Caffè = Café

I caffè del centro sono molto eleganti.
Los cafés del centro son muy elegantes.

457. Caffetteria = Cafeteria

C'è una caffetteria che frequento sempre.
Hay una cafetería a la que siempre voy.

458. Centro commerciale = Centro comercial

I centri commerciali stanno aprendo sempre più numerosi.
Cada vez se abren más centros comerciales.

459. Stazione di servizio = Estación de servicio

La stazione di servizio si trova a 50 km da qui.
La estación de servicio se encuentra a 50 km de aquí.

460. Internet caffè = Internet cafè

Sto cercando un internet caffè.
Estoy buscando un cibercafé.

461. Farmacia = Farmacia

La farmacia è sempre aperta.
La farmacia siempre está abierta.

462. Cinema = Cine

Andiamo al cinema qucsta sera!
¡Vamos al cine esta noche!

463. Clinica psichiatrica = Clínica psiquiátrica

Dobbiamo portarlo nella clinica pischiatrica! Lì potranno aiutarlo.
¡Debemos llevarlo a la clínica psiquiátrica! Pueden ayudarlo allí.

464. Pronto soccorso = Sala de emergencia

Soffre molto, portiamolo al pronto soccorso.
Está sufriendo mucho, llevémoslo a la sala de emergencias.

465. Palestra = Gimnasio

Troverai molte palestre in zona.
Encontrarás muchos gimnasios en la zona.

466. Area giochi per bambini = Zona de juegos infantiles

Vicino casa abbiamo un'area giochi per bambini ben attrezzata.
Cerca de la casa tenemos una zona de juegos infantiles bien equipada.

467. Banco = Banque

Le banche sono aperte la mattina.
Los bancos están abiertos por la mañana.

468. Stadio = Estadio

Lo stadio ospiterà il concerto.
El estadio será el anfitrión del concierto.

469. Supermercato = Super mercado

Vado al supermercato per comprare le uova.
Voy al supermercado a comprar huevos.

470. Teatro = Teatro

Il teatro ha aperto la stagione delle rappresentazioni.
El teatro ha abierto la temporada de espectáculos.

SOLDI
-
DINERO

471. Moneta = Dinero

La moneta è sempre importante.
El dinero siempre es importante.

472. Soldi = Dinero

I soldi mancano sempre quando se ne ha bisogno.
Siempre falta dinero cuando se le necesita.

473. Assegno = Cheque

L'assegno è un metodo di pagamento.
El cheque es un método de pago.

474. Banconote = Billetes

Le banconote che mi hai dato sono false.
Los billetes que me diste son falsos.

475. Cambio = Tipo de cambio

A quanto è oggi il cambio?
¿Cuál es el tipo de cambio hoy?

476. Carta di credito = Tarjeta de credito

Posso usare la mia carta di credito?
¿Puedo usar mi tarjeta de crédito?

477. Cassetta di sicurezza = Caja de seguridad

Ho necessità di avere una cassetta di sicurezza.
Necesito tener una caja de seguridad.

478. Contanti = Efectivo

Ho solo contatti con me.
Solo tengo efectivo conmigo.

479. Conto in rosso = Cuenta de ahorro

Fai attenzione perché hai il conto in rosso.
Ten cuidado porque tienes la cuenta en rojo.

480. Dollari = Dolares

Mi è costato 15 dollari.
Me costó 15 dólares.

481. Estratto conto = Extracto bancario

Il mio estratto conto è online.
Mi extracto bancario está en línea.

482. Euro = Euro

Il valore dell'euro oggi è aumentato.
El valor del euro ha aumentado hoy.

483. Prezzo = Precio

Il prezzo varia in base alla domanda.
El precio varía según la demanda.

484. Resto = Resto

Ecco a lei il resto.
Aquí tienes el resto.

485. Saldo = Saldo

Sto controllando il mio saldo.
Estoy revisando mi saldo.

486. Sterlina = Libra

La sterlina è una moneta forte.
La libra es una moneda fuerte.

487. Tasso di cambio = Tipo de cambio

Conosci il tasso di cambio?
¿Conoces el tipo de cambio?

488. Valuta = Moneda

La valuta è quella del 31 luglio.
La moneda es la del 31 de julio.

489. Bonifico = Transferencia

Inviami un bonifico a questo IBAN.
Envíame una transferencia a este IBAN.

490. Portafoglio = Billetera

Marta ha perso il portafoglio.
Marta ha perdido su billetera.

491. Ritirare la carta = Retirar la tarjeta

Puoi ritirare la carta. L'operazione è terminata.
Puedes retirar la tarjeta. La operación ha terminado.

492. Depositare = Depositar

Vorrei depositare degli oggetti nella
mia cassetta di sicurezza.
Me gustaría depositar objetos en mi caja de seguridad.

493. Fare un assegno = Dar un chèque

Non ho contanti; ti posso fare un assegno?
No tengo efectivo; ¿puedo darte un cheque?

494. Inserire il PIN = Ingresar clave de seguridad

La prego d'inserire il suo PIN.
Por favor ingrese su clave de seguridad.

495. Prelevare = Retirar

Devo prelevare subito.
Debo hacer un retiro ahora mismo.

COLORI
-
COLORES

496. Bianco = Blanco

Il latte è bianco.
La leche es blanca

497. Nero = Negro

Il mio cane è nero.
Mi perro es negro.

498. Giallo = Amarillo

Il sole è giallo per i bambini.
Para los niños el sol es Amarillo

499. Blu = Azul

Il mare è blu.
El mar es azul.

500. Verde = Verde

L'erba è verde.
El pasto es verde.

501. Viola = Morado

Al tramonto, il cielo diventa viola.
Al atardecer, el cielo se vuelve morado.

502. Arancione = Anaranjado

La carota è arancione.
La zanahoria es anaranjada

503. Azzurro = Azul claro

Il cielo oggi è azzurro.
El cielo está azul claro hoy.

504. Rosa = Rosado

La coperta di mia figlia è rosa.
La manta de mi hija es rosada.

505. Grigio = Gris

Il fumo è grigio.
El humo es gris.

506. Rosso = Rojo

Mi piace il vino rosso.
Me gusta el vino rojo

507. Bordeaux = Rojo oscuro

Il velluto era bordeaux.
El terciopelo era rojo oscuro.

508. Argento = Plateado

Le signore anziane hanno i capelli color argento.
Las ancianas tienen el pelo plateado.

509. Avorio = Marfil

L'avorio è una sfumatura di bianco.
El marfil es un tono blanco.

510. Oro = Dorado

L’oro è un colore che rappresenta ricchezza.
El dorado es un color que representa la riqueza.

511. Beige = Beige

Voglio un divano color beige.
Quiero un sofá de color beige.

512. Fucsia = Fuchsia

Se vuoi osare, scegli il fucsia.
Si quieres atreverte, elige fucsia.

513. Kaki = Caqui

Quest'anno va molto di moda il color kaki.
Este año el color caqui está muy de moda.

514. Lilla = Lila

Puoi dipingere questa parete di lilla.
Puedes pintar esta pared en un color lila.

515. Marrone = Marrón

Le castagne sono marroni.
Las castañas son marrones.

CIBO E RISTORAZIONE

-

COMIDA Y RESTAURACIÓN

516. Acqua = Eau

Vorrei un'acqua naturale.
Me gustaría un agua sin gas.

517. Bevande alcoliche = Bebidas alcohólicas

I minorenni non possono acquistare bevande alcoliche.
Los menores no pueden comprar bebidas alcohólicas.

518. Birra = Cerveza

Amo tutti i tipi di birra.
Amo todo tipo de cerveza.

519. Vino = Vino

Mi piace il vino bianco.
Amo el vino blanco.

520. Liquore = Licor

Non bevo molti liquori; preferisco rilassarmi con un buon vino.
No bebo muchos licores; Prefiero relajarme con un buen vino.

521. Assenzio = Ajenjo

A pranzo preferisco bere l'assenzio.
En el almuerzo prefiero beber ajenjo.

522. Birra artigianale = Cerveza cacera

Peter ha prodotto della birra artigianale.
Peter hizo un poco de cerveza casera.

523. Birra doppio malto = Cerveza de malta doble

La mia bevanda preferita è la birra doppio malto.
Mi bebida favorita es la cerveza de malta doble.

524. Acqua tonica = Agua tónica

Mia nonna ha sempre amato l'acqua tonica.
A mi abuela siempre le ha encantado el agua tónica.

525. Aranciata = Jugo de naranja

Al compleanno di mio cugino, ho portato 6 bottiglie di aranciata.
En el cumpleaños de mi primo, traje 6 botellas de jugo de naranja.

526. Bevande analcoliche = Gaseosas

I minorenni possono ordinare bevande analcoliche.
Los menores pueden pedir gaseosas.

527. Bevande energetiche = Bebida energética

Bevo sempre bevande energetiche prima delle partite.
Siempre tomo bebidas energéticas antes de los juegos.

528. Birra analcolica = Cerveza si alcohol

Bob beve birra analcolica.
Bob bebe cerveza sin alcohol.

529. Caffè = Café

Dopo pranzo, il caffè è sacro per la mia famiglia.
Después del almuerzo, el café es sagrado para mi familia.

530. Caffè decaffeinato = Descafeinado

Jenny beve solo caffè decaffeinato.
Jenny solo toma bebidas descafeinados.

531. Caffè espresso = Espresso

Sarah ha bevuto un caffè espresso.
Sarah bebió un café espresso.

532. Caffè shakerato = Café batido

Mio zio Gianni beve solo caffè shakerato.
Mi tío Gianni solo bebe café batido.

533. Cappuccino = Capuchino

Mio zio è un fenomeno nel preparare cappuccini.
Mi tío es un fenómeno haciendo capuchinos.

534. Frappè = Batido

I miei amici prendono un frappè ogni sera.
Mis amigos tienen un batido todas las noches.

535. Limonata = Limonada

La limonata è una prelibatezza.
La limonada es una delicia.

536. Succhi di frutta = Zumo de fruta

Amo i succhi di frutta!
¡Amo los Zumo de frutas!

537. Tisana = Te de Hierbas

In inverno prendo sempre una tisana prima di addormentarmi.
En invierno siempre tomo un té de hierbas antes de dormir.

538. Amarena = Cereza negra

L'amarena è molto simile alla ciliegia.
La cereza negra es muy similar a la cereza.

539. Anguria = Sandía

L'anguria contiene molta acqua.
La sandía contiene mucha agua.

540. Albicocca = Albaricoque

L'albicocca è il frutto preferito di Marco.
El albaricoque es la fruta favorita de Marco.

541. Arancia = Naranja

La spremuta di arancia è molto salutare.
El jugo de naranja es muy saludable.

542. Avocado = Aguacate

L'avocado ha un gusto particolare che non piace a tutti.
El aguacate tiene un sabor particular que no a todos les gusta.

543. Banana = Plátano

In cucina c'è un cesto di banane.
En la cocina hay una cesta de plátanos.

544. Ciliegia = Cereza

Mia nonna faceva sempre la marmellata di ciliegie.
Mi abuela siempre hacía mermelada de cerezas.

545. Fico = Higo

Martina ha fatto una torta di fichi ieri.
Martina hizo un pastel de higos ayer.

546. Fragola = Fresas

Il risotto con le fragole piace molto a Paolo.
A Paolo le gusta mucho el risotto con fresas.

547. Kiwi = Kiwi

Il kiwi piace molto ai bambini.
A los niños les gusta mucho el Kiwi.

548. Lampone = Frambuesa

Il lampone è rosso.
La frambuesa es roja.

549. Limone = Limón

Molti cocktail prevedono l'utilizzo del limone.
Muchos cócteles implican el uso de limón.

550. Mandarino = Mandarina

Il mandarino è un frutto invernale.
La mandarina es una fruta de invierno.

551. Mango = Mango

Il mango contiene molti zuccheri.
El mango contiene muchos azúcares.

552. Mela = Manzana

La mela è sul tavolo.
La manzana está en la mesa.

553. Mirtillo = Arándano

Il mirtillo macchia i vestiti.
El arándano mancha la ropa.

554. Mora = Mora

La mora è nera.
La mora es negra.

555. Nespola = Níspero

La nespola è esteticamente simile all'albicocca.
El níspero es estéticamente similar al albaricoque

556. Papaya = Papaya

La papaya è un tipico frutto esotico.
La papaya es una fruta exótica típica.

557. Pera = Pera

La pera è gialla.
La pera es amarilla.

558. Pesca = Durazno

Molti giovani amano le pesche.
A muchos jóvenes les encantan los duraznos.

559. Prugna = Ciruela Pasa

Luca va ghiotto di prugne.
A Luca le gustan las ciruelas pasas.

560. Ravanello = Rábano

Il ravanello è rosso.
El rábano es rojo.

561. Barbabietola = Remolacha

La barbabietola da zucchero è spesso citata nei libri di geografia.
La remolacha azucarera a menudo se menciona en los libros de geografía.

562. Carota = Zanahoria

I conigli vanno ghiotti di carote.
Los conejos aman las zanahorias.

563. Cavolfiore = Coliflor

Il cavolfiore è verde.

La coliflor es verde.

564. Cipolla = Cebolla

La cipolla fa lacrimare gli occhi se tagliata cruda.
La cebolla te hace llorar si la cortas cruda.

565. Fagioli = Frijoles

Domani mangerò dei fagioli.
Mañana comeré frijoles.

566. Insalata = Ensalada

Mangiare spesso l'insalata fa bene alla salute.
Comer ensalada a menudo es bueno para tu salud.

567. Lattuga = Lechuga

Le lumache amano la lattuga.
Los caracoles aman la lechuga.

568. Lenticchie = Lentejas

Il 31 gennaio, in Italia è molto comune mangiare le lenticchie.
El 31 de enero, en Italia es muy común comer lentejas.

569. Melanzana = Berenjena

La parmigiana è fatta con le melanzane.
La Parmigiana está hecha con berenjenas.

570. Melone = Melón

Esistono diversi tipi di melone.
Existen diferentes tipos de melón.

571. Origano = Orégano

L'origano è una spezia molto utilizzata in cucina.
El orégano es una especia ampliamente utilizada en la cocina.

572. Ortaggio = Verdura

Gli ortaggi sono molto salutari.
Las verduras son muy saludables.

573. Patata = Papa

La patata cresce sottoterra.
La papa crece bajo tierra.

574. Peperone = Pimienta

Marco cucina spesso i peperoni grigliati.
Marco a menudo cocina pimientos asados.

575. Piselli = Guisantes

I piselli piacciono molto ai bambini.
Los guisantes son muy populares entre los niños.

576. Pomodoro = Tomate

Il sugo è fatto con i pomodori.
La salsa está hecha con tomates.

577. Sedano = Apio

Il sedano viene usato per fare il minestrone di verdure.
El apio se usa para hacer sopa de verduras.

578. Spinaci = Espinacas

Braccio di ferro mangiava spesso gli spinaci.
Popeye a menudo comía espinacas.

579. Zucca = Calabaza

Le vendite di zucche aumentano a fine ottobre.
Las ventas de calabaza aumentan a finales de octubre.

580. Zucchina = Calabacín

Ieri sera ho mangiato delle zucchine.
Anoche comí unos calabacines.

581. Funghi = Hongos

Nel bosco si trovano tanti funghi.
En el bosque puedes encontrar muchos hongos.

582. Aceto = Vinagre

Amo l'aceto balsamico.
Me encanta el vinagre balsámico.

583. Agnello = Cordero

A Pasqua, mangiamo sempre l'agnello
El día de Pascua, siempre comemos cordero.

584. Carne = Carne

Non mi piace la carne.
No me gusta la carne.

585. Cioccolato = Chocolate

Amo il cioccolato amaro.
Amo el chocolate negro.

586. Crema = Crema

Una deliziosa crema.
Una crema muy sabrosa.

587. Dolce = Dulce

Le patate possono essere dolci.
Las papas pueden ser dulces.

588. Fragola = Fresa

Mangerò solo una fragola.
Comeré solo una fresa.

589. Frutta = Frutas

Amo tutti i frutti.
Amo todo tipo de frutas.

590. Gelato = Helado

Il bimbo ama il gelato.
Al bebé le encanta el helado.

591. Integrale = Integral

Mi piacciono i biscotti integrali
Me gustan las galletas integrales.

592. Latte = Leche

Sono allergica al latte.
Soy alérgico a la leche.

593. Legumi = Legumbres

Mangia i legumi, sono salutari!
¡Cema legumbres, son saludables!

594. Manzo = Carne

Non mi piace il manzo.
No me gusta la carne.

595. Olio = Aceite

Amo l'olio d'oliva.
Me gusta el aceite de oliva.

596. Ossa = Huesos

Lascio le ossa ai miei cani.
Dejo huesos a mis perros.

597. Pane = Pan

Il pane è fresco.
El pan está fresco.

598. Panna montata = Crema Batida

Io amo le fragole con la panna montata.
Me encantan las fresas con crema batida.

599. Pasta = Pasta

La pasta è sublime.
La pasta es asombrosa.

600. Pasticceria = Pastelería

Dopo il caffè, un po' di pasticceria.
Después del café, un poco de pastelería.

601. Patata = Papa

Questa zuppa è una crema di patata.
Esta sopa es una crema de papas.

602. Pepe = Pimienta

Niente pepe per me.
Yo no quiero pimienta.

603. Pescato = Mariscos

Qual è il pescato del giorno?
¿Qué mariscos hay para hoy?

604. Pesce = Pescado

Il pesce è perfetto col vino bianco.
El pescado es perfecto con vino blanco.

605. Petto = Pechuga

Questo petto di pollo è delizioso.
Esta pechuga de pollo es deliciosa.

606. Pizza = Pizza

Mi piace mangiare la pizza la domenica.
Me encanta comer pizza los domingos.

607. Pollo = Pollo

Adoro il pollo.
Me gusta el pollo.

608. Riso = Arroz

Il riso bolle.
El arroz está hirviendo.

609. Salato = Salado

Il pesce va salato.
El pescado debe ser salado.

610. Sale = Sal

Occorre aggiungere il sale.
Necesitas agregar la sal.

611. Torta = Torta

Per il mio compleanno faremo una torta.
Para mi cumpleaños haremos una torta.

612. Uovo = Huevo

Solo un uovo qui in campagna?
¿Solo hay un huevo aquí en el país?

613. Vegetali = Vegetales

Adoro i vegetali.
Amo los vegetales.

614. Zuppa = Sopa

Amo la zuppa calda.
Amo la sopa caliente.

615. Cliente = Cliente

Paolo sta parlando con un cliente.
Paolo está hablando con un cliente.

616. Cuoco = Cocina

Il cuoco è eccellente.
La cocina es asombrosa.

617. Cameriera = Camarera

Ho lavorato come cameriera in un pub.
Trabajé como camarera en un pub.

618. Chef = Chef

Chi pensi sia il migliore chef?
¿Quién crees que es el mejor chef?

619. Pizzaiolo = Pizzero

Io cerco un pizzaiolo esperto.
Estoy buscando un experto pizzero.

620. Barista = Barman

Barista, mi fa un mojito per favore?
Barman, ¿puedes hacerme un mojito por favor?

621. Pasticciere = Pastelero

Se fossi un pasticciere, mangerei tutte le torte.
Si fuera pastelero, comería todos los pasteles.

622. Panettiere = Panadero

Il panettiere di solito lavora di notte.
El panadero por lo general trabaja de noche.

623. Gelataio = Heladero

Ho conosciuto un simpatico gelataio.
He conocido a un buen heladero.

624. Macellaio = Carnicero

Il macellaio ha la carne di qualità.
El carnicero tiene carne de calidad.

625. Sommelier = Sumiller

In questo ristorante c'è un sommelier.
En este restaurante hay un sumiller.

626. Critico culinario = Crítico de comida

Giovanni è un famoso critico culinario.
Giovanni es un famoso crítico de comida.

627. Ristorante = Restaurante

Il ristorante è aperto ogni giorno.
El restaurante está abierto todos los días.

628. Conto = Cuenta

Posso avere il conto per favore?
¿Puedo tener la cuenta por favor?

629. Grembiule = Delantal

Il grembiule è necessario per non sporcarsi.
El delantal es necesario para no ensuciarse.

630. Menù = Menú

Puoi passarmi il menù?
¿Me puedes pasar el menú?

631. Servizio = Servicio

Il servizio non è stato buono.
El servicio no era bueno.

632. Piatto del giorno = Plato del día

Il piatto del giorno è scelto dallo chef.
El plato del día es elegido por el chef.

633. Cucina messicana = Cocina Mexicana

La cucina messicana è famosa per i tacos.
La cocina mexicana es famosa por los tacos.

634. Cucina vegana = Cocina vegana

La cucina vegana usa solo ingredienti vegetali.
La cocina vegana usa solo ingredientes vegetales.

635. Cucina vegetariana = Cocina Vegetariana

La cucina vegetariana è salutare.
La cocina vegetariana es saludable.

636. Cucina thailandese = Cocina tailandesa

La cucina thailandese è piccante.
La cocina tailandesa es picante.

637. Cucina giapponese = Cocina Japonesa

Un piatto tipico della cucina giapponese è il ramen.
Un plato típico de la cocina Japonesa es el ramen.

638. Cucina cinese = Cocina China

La cucina cinese è famosa nel mondo.
La Cocina China es famosa a nivel mundial.

639. Cucina celiaca = Cocina Libre de Gluten

La cucina celiaca è per celiaci.
La cocina Libre de Gluten es para celíacos.

640. Cucina italiana = Cocina italiana

Il più famoso piatto della cucina italiana è la pizza.
El plato más famoso de la cocina italiana es la pizza.

641. Mangiare = Comer

Maria mangia tanta pasta.
María come mucha pasta.

642. Bere = Beber

Luigi sta bevendo un bicchiere d'acqua.
Luigi está bebiendo un vaso de agua.

643. Assaggiare = Probar

A Luigi piace assaggiare cibi nuovi.
A Luigi le gusta probar nuevos alimentos.

644. Assaporare = Saborear

Voglio assaporare questo vino.
Quiero saborear este vino.

645. Apparecchiare = Poner

Luigi apparecchia la tavola tutte le sere.
Luigi pone la mesa todas las noches.

646. Servire = Servir

Gianni serve come cameriere.
Gianni sirve como camarero.

CASA
-
CASA

647. Appartamento = Piso

Viviamo in un appartamento in città.
Nosotros vivimos en un piso en la ciudad.

648. Villa = Villa

Preferisco vivere in una villa in campagna.
Prefiero vivir en una villa de campo.

649. Villetta a schiera = Casas adosadas

Le villette a schiera sono la soluzione ideale per noi. Ci danno un senso di sicurezza.
Las casas adosadas son la solución perfecta para nosotros. Nos dan una sensación de seguridad.

650. Monolocale = Estudio

Vivo in un monolocale perché sono solo.
Vivo en un estudio porque estoy solo.

651. Attico = Ático

Franco ha deciso di vivere in un attico.
Franco ha decidido vivir en un ático.

652. Casa popolare = Casa del consejo

Questo quartiere è pieno di case popolari.
Este barrio está lleno de casas del consejo.

653. Casa di campagna = Casa de campo

La mia famiglia ha una casa di campagna.

Mi familia tiene una casa de campo.

654. Castello = Castillo

Possiamo vedere il castello in lontananza.
Podemos ver el castillo en la distancia.

655. Bilocale = Apartamento de dos habitaciones

Io vivo in un bilocale.
Vivo en un apartamento de dos habitaciones.

656. Trullo = Trullo

In Puglia ci sono molti trulli.
En Apulia hay muchos trullos.

657. Bagno = Baño

Vado in bagno.
Voy al baño.

658. Cameretta = Habitación infantil

La cameretta dei bambini è piena di pupazzi.
La habitación infantil está llena de marionetas.

659. Camera da letto = Habitación

Mario sta dormendo in camera da letto.
Mario duerme en la habitación.

660. Cucina = Cocina

La cucina è il mio regno.
La cocina es mi reino.

661. Tetto = Techo

Dobbiamo riparare il tetto.
Necesitamos reparar el techo.

662. Locale lavanderia = Cuarto de lavado

Avere un locale lavanderia è molto utile.
Tener un cuarto de lavado es muy útil.

663. Scala = Escalera

Sali le scale e trovi il bagno.
Sube las escaleras y encontrarás el baño.

664. Taverna = Taverna

In taverna trascorriamo molte serate in allegria con i nostri amici.
Pasamos muchas tardes alegremente en la taberna con nuestros amigos.

665. Sala = Sala de estar

Trascorriamo molte sere in sala.
Pasamos muchas tardes en la sala de estar.

666. Ingresso = Entrada

Ho lasciato il cappotto all'ingresso.
Dejé mi capa en la entrada.

667. Studio = Estudio

Vado in studio a spedire la mail.
Voy al estudio a enviar el correo.

668. Giardino = Jardín

Usciamo in giardino.
Salgamos al jardín.

669. Giardino posteriore = Jardín Trasero

Sono nel giardino posteriore.
Estoy en el Jardín Trasero.

670. Garage = Garaje

Maria è in garage a fare pulizie.
María está en el garaje para limpiarlo.

671. Balcone = Balcon

Il balcone è ampio e, d'estate, deve essere piacevole trascorrere le serate qui.
El balcón es amplio y, durante el verano, debería ser agradable pasar las tardes aquí.

672. Camera degli ospiti = Habitación de huéspedes

Dormirai nella camera degli ospiti.
Dormirás en la habitación de huéspedes.

673. Sala da pranzo = Comedor

Oggi pranzeremo nella sala da pranzo.
Hoy almorzaremos en el comedor.

674. Wc = Baño

Il wc è nuovo.
El baño es nuevo.

675. Bidet = Bidé

Abbiamo messo il bidet.
Nosotros hemos puesto el bidé.

676. Doccia = Ducha

La doccia si è rotta ieri.
La ducha se dañó ayer.

677. Vasca = Tina

Preferisco la vasca.
Prefiero la tina.

678. Bilancia = Balanza

La bilancia è in bagno.
La balanza está en el baño.

679. Accapatoio = Bata de baño

Puoi usare il mio accappatoio se vuoi.
Puedes usar mi bata de baño si quieres.

680. Carta igenica = Papel higiénico

La carta igienica è nell'armadio.
El papel higiénico está en el armario.

681. Lavandino = Lavado

Potresti pulire il lavandino?
¿Puedes limpiar el lavabo?

682. Rubinetto = Grifo

Chiudi il rubinetto!
¡Cierra el grifo!

683. Vasca da bagno = Bañera

Irene, riempi la vasca da bagno.
Irene, llena la bañera.

684. Asciugamano = Toalla de baño

Prendi un asciugamano pulito.
Busca una toalla de baño limpia.

685. Sveglia = Alarma de reloj

Punto sempre la sveglia la mattina.
Siempre coloco la alarma del reloj en la mañana.

686. Materasso = Colchón

Ho un materasso ortopedico.
Tengo un colchón ortopédico.

687. Guardaroba = Armario

Se devo cercare nel mio guardaroba non troverò mai niente. Ho troppa roba!
Si tengo que buscar en mi armario, nunca encontraré nada. ¡Tengo muchas cosas!

688. Cestino = Canasta

Il cestino sulla scrivania è pieno di giocattoli.
La canasta del escritorio está llena de juguetes.

689. Cassettiera = Cómoda

Abbiamo comprato un'altra cassettiera.
Nosotros compramos otra cómoda.

690. Letto = Cama

Il letto è molto comodo.
La cama es muy cómoda.

691. Cuscino = Almohada

Questo cuscino è basso.
Esta almohada es baja.

692. Fodera = Cubierta

La fodera azzurra è sporca.
La cubierta azul claro está sucia.

693. Lenzuolo = Sábana

Il lenzuolo sul comodino è per il tuo letto.

La sábana de la mesita de noche es para tu cama.

694. Coperta = Manta

La coperta di lana è nell' armadio.
La manta de lana está en el armario.

695. Comodino = Mesitas de noche

Abbiamo due comodini in camera.
Tenemos dos mesitas de noche en el dormitorio.

696. Armadio = Armario

Dobbiamo comprare un nuovo armadio.
Tenemos que comprar un armario nuevo.

697. Quadro = Imagen

Mi piace questo quadro che hai dipinto.
Me gusta esta imagen que pintaste.

698. Cornice = Marco

Mario mi ha regalato una cornice.
Mario de dio un marco.

699. Piumone = Edredón

Stanotte dormiremo con il piumone.
Esta noche dormiremos con el edredón.

700. Lampada da comodino = Lámpara de Noche

Dobbiamo comprare una nuova lampada da comodino.
Debemos comprar una nueva lámpara de noche.

701. Tovaglia = Mantel

La tovaglia a quadrati rossi è nella lavatrice.
El mantel de cuadrados rojos está en la lavadora.

702. Lampadario = Candelabro

Che bel lampadario avete in cucina!
¡Qué hermoso candelabro tienes en la cocina!

703. Fornello = Estufa

Spegni il fornello per favore.
Apaga la estufa, por favor.

704. Brocca = Aparador

Riempi di acqua la brocca.
Acabo de terminar dc limpiar el aparador.

705. Credenza = Buffet

Ho appena finito di pulire tutta la credenza.
Acabo de terminar de limpiar el aparador

706. Bicchiere = Vaso

Il bicchiere di cristallo è li.
El vaso de cristal está allí.

707. Bottiglia = Botella

Posso avere una bottiglia?
¿Puedo pedir una botella?

708. Coltello = Cuchillo

Un coltello affilato è utile.
Un cuchillo bien formado es útil.

709. Cucchiaio = Cuchara

Per la zuppa, serve il cucchiaio.
Para la sopa, necesitas la cuchara.

710. Forchetta = Tenedor

Per favore usa la forchetta per mangiare la pasta.
Usa el tenedor para comer pasta.

711. Piatto = Plato

Per favore prendi il tuo piatto.
Retira tu plato.

712. Frigorifero = Refrigerador

Maria ha sbrinato il frigorifero.
María ha descongelado el refrigerador.

713. Tovagliolo = Servilleta

Il tovagliolo è sul pavimento.
La servilleta está en el suelo.

714. Lavastoviglie = Lavavajillas

Non so come farei senza lavastoviglie.
No sé qué haría sin un lavavajillas.

715. Barattolo = Frasco

Guarda nel barattolo in cucina e troverai dei soldi.
Busca en el frasco de la cocina y encontrarás algo de dinero.

716. Detersivo per i piatti = Detergente para lavar platos

Non ricordo dove ho messo il detersivo dei piatti.
No recuerdo dónde puse el detergente para lavar platos.

717. Congelatore = Congelador

Uso molto il congelatore.
Uso mucho el congelador.

718. Lavello = Fregadero

Per noi, avere un piccolo lavello in garage è molto utile.
Para nosotros, tener un pequeño fregadero en el garaje es muy útil.

719. Sedia = Silla

La sedia su cui sei seduto è nuova.
La silla donde estás sentado es nueva.

720. Tavolo = Mesa

Sul tavolo trovi quello che ti serve.
En la mesa puedes encontrar lo que necesitas.

721. Forno = Horno

Metti il tacchino nel forno.
Pon el pavo en el horno.

722. Microonde = Microondas

Cucino molte cose nel microonde.
Cocino muchas cosas en el microondas.

723. Padella = Sartén

Ho comprato una nuova padella.
He comprado una sartén nueva.

724. Pentola = Tarro

Questa è l'unica pentola che possiedo.
Este es el único tarro que tengo.

725. Tagliere = Tabla de cortar

Il tagliere è molto utile per tagliare le verdure.
La tabla de cortar es muy útil para cortar verduras.

726. Calice di vino = Copa de vine

Passami il calice di vino.
Pásame la copa de vino.

727. Frullatore = Batidora

Uso il frullatore tutti i giorni.
Yo uso la batidora todos los días.

728. Tostapane = Tostadora

Metti il toast dentro il tostapane.
Pon la tostada en la tostadora.

729. Servizio di piatti = Juego de platos

In quel ristorante hanno un bel servizio di piatti.
En ese restaurante tienen un buen juego de platos.

730. Mensola = Estante

Ho una mensola rossa in sala.
Tengo un estante rojo en la sala de estar.

731. Pianta da appartamento = Plantas de habitación

Ho comprato numerose piante da appartamento per la mia casa nuova.
He comprado muchas de habitación plantas para mi nueva casa.

732. Televisione = Televisor

Se accendi la televisione tieni il volume basso.
Si enciende el televisor, mantenga el volumen bajo.

733. Divano = Sofá

Abbiamo un divano a tre piazze.
Tenemos un sofá rey.

734. Poltrona = Sillón

Ho comprato una poltrona nuova.
Compré un nuevo sillón.

735. Tappeto = Alfombra

Il tappeto rosso è in sala.
La alfombra roja está en la sala de estar.

736. Condizionatore d'aria = Aire acondicionado

D'estate accendiamo il condizionatore d'aria.
En verano, encendemos el aire acondicionado.

737. Orologio = Reloj

L'orologio in sala è in stile vintage.
El reloj de la sala es de estilo vintage.

738. Tende = Cortinas

Ho comprato delle tende gialle per la sala.
Compré unas cortinas amarillas para la sala de estar.

739. Finestra = Ventana

La mia finestra affaccia sul cortile.
Mi ventana da al patio.

740. Radio = Radio

Preferisco ascoltare la radio.
Prefiero escuchar la radio.

741. Lettore Cd = Reproductor de CD

Il lettore cd è un po' vecchio.
El reproductor de CD es un poco viejo.

742. Console = Consola

Se accendi la console, ci facciamo una partita.
Si enciendes la consola, jugaremos un juego.

743. Libreria = Librero

La libreria di Mara è ricca di libri classici
e contemporanei perché lei ama leggere.
El librero de Mara es rica en libros clásicos y modernos
porque le encanta leer.

744. Ventilatore = Ventilador

Il ventilatore mi è sufficiente.
El ventilador es suficiente.

745. Caminetto = Chimenea

D'inverno teniamo spesso il caminetto acceso per riscaldare
la casa e dare una certa atmosfera.
En invierno, a menudo mantenemos la chimenea encendida
para calentar la casa y darle una cierta atmósfera.

746. Calorifero = Radiador

A ottobre, noi accendiamo i caloriferi.
En octubre, encendemos los radiadores.

747. Soprammobile = Adorno

Mario ha troppi soprammobili in casa.
Mario tiene demasiados adornos en la casa.

748. Chiavi = Llaves

Hai tu le chiavi di casa?
¿Tienes las llaves de la casa?

749. Serratura = Cerradura

Mi si è bloccata la serratura e per questo motivo devo chiamare un fabbro per farla aggiustare.
Mi cerradura se atascó y debido a esto, necesito llamar a un herrero para arreglarlo.

750. Porta = Puerta

La porta è aperta.
La puerta está abierta.

751. Scarpiera = Zapatero

Metti le tue ciabatte nella scarpiera.
Pon tus zapatillas en el zapatero.

752. Appendiabiti = Perchero

Ho appeso il tuo giubbotto nell'appendiabiti all'ingresso. Quando esci lo puoi trovare lì.
Colgué tu chaqueta en el perchero en la entrada. Cuando salgas, puedes encontrarlo allí.

753. Porta blindata = Puerta de seguridad

In città la porta blindata è indispensabile.
En la ciudad, la puerta de seguridad es esencial.

754. Spugna = Esponja

La spugna verde è per la cucina.
La esponja verde es para la cocina.

755. Caldaia = Caldera

Si è rotta la caldaia.
La caldera se descompuso.

756. Lavatrice = Lavadora

Maria ha due lavatrici in casa per comodità.
María tiene dos lavadoras para mayor comodidad.

757. Asciugatrice = Secadora

L'asciugatrice ti permette di asciugare i tuoi panni senza stenderli.
La secadora te permite secar tu ropa sin colgarla.

758. Straccio per pavimenti = Trapeadora

Passo lo straccio per pavimenti ogni mattina.
Paso el trapeador todas las mañanas.

759. Aspirapolvere = Aspiradora

Se mi si rompe l'aspirapolvere sono rovinato!
¡Si mi aspiradora se rompe, me arruino!

760. Ferro da stiro = Plancha

Il nostro ferro da stiro è inutilizzato.
Nuestra plancha no está en uso.

761. Scopa = Escoba

Mi passi la scopa?
¿Me puedes dar la escoba?

762. Spazzolone = Cuarto de almacenamiento

Lo spazzolone lo trovi nel ripostiglio.
Puedes encontrar el cepillo para fregar en el cuarto de almacenamiento.

763. Portone = Puerta principal

Chi sbatte sempre il portone?
¿Quién cierra siempre la puerta principal?

764. Zerbino = Tapete de la puerta

Pulisci i piedi sullo zerbino.
Limpia tus pies en el tapete de la puerta.

765. Portaombrelli = Paragüero

Metti l'ombrello nel portaombrclli.
Pon el paraguas en el paragüero.

766. Allarme di sicurezza = Alarma de Seguridad

Attiva l'allarme di sicurezza.
Enciende la alarma de seguridad.

767. Ascensore = Ascensor

Abito all'ottavo piano. Come farei senza l'ascensore?
Vivo en el octavo piso. ¿Qué haría sin el ascensor?

768. Posacenere = Cenicero

Hai un posacenere per favore?
¿Tienes un cenicero por favor?

769. Vaso = Macetas

Mi piacciono i vasi che hai scelto per le piante sul balcone.
Me gustan las macetas que elegiste para las plantas de balcón.

770. Cuccia del cane = Casa del perro

La cuccia del cane è in giardino.
La caseta del perro está en el jardín.

771. Aiuola = Cama de flores

Quell'aiuola è piena di fiori colorati.
Esa cama de flores está llena de flores de colores.

772. Annaffiatoio = Regadera

Se mi passi l'annaffiatoio, ci penso io a bagnare le piante.
Si me traes la regadera, me encargaré de regar las plantas.

773. Ascia = Hacha

Prendi un'ascia per favore.

Toma un hacha por favor.

774. Cancello = Puerta

Il cancello si è rotto, bisogna cambiare la serratura.
La puerta está rota, debes cambiar la cerradura.

775. Capanno = Cobertizo

Ho un capanno pieno di attrezzi.
Tengo un cobertizo lleno de herramientas.

776. Carriola = Carretilla

Chiedi al vicino una carriola così trasportiamo queste foglie al bidone più velocemente.
Pídale al vecino una carretilla para que podamos transferir estas hojas al basurero más rápidamente.

777. Cassetta delle lettere = Buzón

Nella cassetta delle lettere troverai il mio messaggio.
En el buzón encontrará mi mensaje.

778. Cesoie = Tijeras de podar

Se vuoi potare bene queste siepi devi comprare delle cesoie, altrimenti non ce la farai.
Si deseas recortar bien estos setos, necesitas comprar tijeras de podar, de lo contrario no lo hará.

779. Cestino della spazzatura = Basurero

Il cestino della spazzatura deve essere svuotato perchè puzza.

El basurero debe vaciarse porque apesta.

780. Forca = Tenedor

La forca ci serve per tutto questo fieno da spostare.
Necesitamos el tenedor para mover todo este heno.

781. Ghiaia = Grava

Voglio della ghiaia sul vialetto di ingresso.
Quiero un poco de grava en el camino de entrada.

782. Rastrello = Rastrillo

Dove abbiamo messo il rastrello?
¿Dónde pusimos el rastrillo?

783. Serra = Invernadero

Nella mia serra ho molti limoni.
En mi invernadero tengo muchos limones.

784. Steccato = Cerca

Lo steccato deve essere completamente riverniciato.
La cerca necesita ser repintada por completo.

785. Tagliaerba = Cortadora de césped

Sta usando il tagliaerba da due ore.
Él ha estado usando la cortadora de césped durante dos horas.

786. Vanga = Pala

La vanga è ideale per scavare questa buca.
La pala es ideal para cavar este hoyo.

787. Vaso di fiori = Florero

Mario ha comprato un nuovo vaso di fiori e lo ha messo in sala.
Mario compró un florero nuevo y la puso en la sala de estar.

788. Vialetto = Camino

Il vialetto porta all'entrata per la cucina.
El camino conduce a la entrada de la cocina.

789. Zappa = Azada

Luigi ha una zappa nuova.
Luigi tiene una nueva azada.

790. Mestieri di casa = Tareas domésticas

Odio fare i mestieri di casa!
¡Odio hacer tareas domésticas!

791. Bollette = Facturas

Ogni mese ci sono bollette da pagare.
Todos los meses hay facturas que pagar.

792. Spese condominiali = Condominio

La spesa condominiali devono essere pagate per evitare problemi legali.

Los honorarios del condominio se deben pagar para evitar problemas legales.

793. Architetto = Arquitecto

Hai bisogno di un architetto per il tuo appartamento.
Necesitas un arquitecto para tu piso.

794. Amministratore = Administrador

Chiamerò l'amministratore per informazioni.
Llamaré al administrador para obtener información.

795. Casalinga = Ama de casa

Mia madre è una casalinga.
Mi madre es una ama de casa.

796. Muratore = Constructor

Il muratore è intervenuto nel lavoro.
El constructor intervino en la obra.

797. Agente immobiliare = Agente de bienes raíces

Mara ha chiamato un agente immobiliare per vendere la sua casa.
Mara llamó a un agente de bienes raíces para vender su casa.

798. Interior design = Diseño de interiores

Ho studiato 3 anni interior design.
He estudiado diseño de interiores durante 3 años.

799. Restauratore = Restaurador

Mio padre è un restauratore.
Mi papá es un restaurador.

800. Vivere = Vivir

Noi viviamo a Roma.
Nosotros vivimos en Roma.

801. Abitare = Vivir

Abito a Milano.
Yo vivo en Milán.

802. Affittare = Alquilar

Affittano il loro appartamento.
Ellos alquilan su piso.

PARLANDO DI SHOPPING
-
SOBRE LAS COMPRAS

803. Calzino = Calcetín

Ho perso un calzino.
He perdido un calcetín.

804. Collant = Medias

I collant sono molto fragili.
Las medias son muy frágiles.

805. Cappello = Sombrero

Mi piace il cappello verde.
Me encanta el sombrero verde.

806. Cappotto = Abrigo

Mi piace il tuo cappotto nero.
Amo tu abrigo negro.

807. Cravatta = Corbata

In ufficio meglio usare la cravatta.
En la oficina es mejor usar corbata.

808. Giacca = Chaqueta

La mia giacca è fatta a mano.
Mi chaqueta es hecha a mano.

809. Pelliccia = Abrigo de piel

Quella pelliccia è eccessiva.
Ese abrigo de piel es excesivo.

810. Vestaglia = Bata

Mia nonna indossa sempre la vestaglia.
Mi abuela siempre usa una bata.

811. Camicia da notte = Camisón

Metto sempre la camicia da notte per dormire.
Mi abuela siempre usa una bata.

812. Gonna = Falda

Indossi una bella gonna.
Estás usando una linda falda.

813. Maglia = Camisa

Amo la maglia rossa.
Amo la camisa roja.

814. Maglietta = Camiseta

Non ho più nessuna maglietta.
No me queda más camiseta.

815. Occhiali = Lentes

Indosso sempre occhiali.
Siempre uso lentes.

816. Pantaloni = Pantalones

Adoro i tuoi pantaloni bianchi.
Me encantan tus pantalones blancos.

817. Scarpe = Zapatos

Ho solo due scarpe rimaste.
Solo me quedan dos zapatos.

818. Scarponi = Botas de nieve

I miei scarponi da neve sono rotti.
Mis botas de nieve están rotas.

819. Sciarpa = Écharpe

Hai comprato la sciarpa invernale?
Has comprado el écharpe invernal?

820. Bretelle = Frenillos

Penso che le bretelle siano stupide.
Creo que los frenillos son estúpidos.

821. Ombrello = Paraguas

Anche se non piove, porto sempre l'ombrello.
Incluso si no está lloviendo, siempre llevo un paraguas.

822. Guanti = Guantes

Il mio autista indossa spesso i guanti.
Mi conductor a menudo usa guantes.

823. Borsa = Bolso

Voglio una borsa di Gucci.
Quiero un bolso de Gucci.

824. Tacchi alti = Tacones altos

Indossi spesso tacchi alti.
A menudo usas tacones altos.

825. Abito da uomo = Traje

Ha comprato un abito da uomo molto elegante.
Compré un traje muy elegante.

826. Anello = Anillo

Ecco l'anello di fidanzamento.
Aquí está mi anillo de compromiso.

827. Braccialetto = Pulsera

Il bracialetto di Mara è in oro.
La pulsera de Mara es de oro.

828. Camicia = Camisa

La camicia di Marco è macchiata.
La camisa de Marco está manchada.

829. Camicia da donna = Blusa

Questa camicia da donna in seta costa 120 euro.
Esta blusa de seda cuesta 120 euros.

830. Cardigan = Cárdigan

Ci vuole un cardigan sopra questa gonna.
Necesitas un cárdigan en esta falda.

831. Cintura = Correa

Mi serve una cintura per i pantaloni.
Necesito una correa para los pantalones.

832. Collana = Collar

La collana di perle è sempre un classico.
El collar de perlas es siempre un clásico.

833. Costume a pantaloncino = Pantaloncillo de baño

Luigi vuole comprare un costume a pantaloncino.
Luigi quiere comprar pantaloncillo de baño.

834. Divisa = Uniforme

Devono indossare una divisa in quel collegio: è una regola!
Ellos deben usar un uniforme en esa universidad: ¡es una regla!

835. Felpa = Sudadera

Una felpa è comoda in ogni occasione.
Una sudadera es cómoda en cada ocasión.

836. Gilet = Chaleco

Un gilet ti darebbe un tocco fashion in più.
Un chaleco te daría un pequeño toque de moda.

837. Giubbotto = Chaqueta

Ho freddo, mi passi il giubbotto per favore?
Tengo frío, ¿puedes pasarme la chaqueta por favor?

838. Impermeabile = Impermeable

L'impermeabile è perfetto nelle mezze stagioni.
El impermeable es perfecto durante las medias temporadas.

839. Infradito = Chanclas

Io amo indossare gli infradito.
Me encanta usar chanclas.

840. Leggings = Leggings

Trovo che i leggings siano molto comodi.
Creo que las Leggings son muy cómodas.

841. Maglione = Jersey

Ho bisogno di un maglione.
Necesito un jersey.

842. Mutande = Bragas

Devo comprare 10 paia di mutande.
Necesito comprar 10 pares de bragas.

843. Occhiali da sole = Gafas

I miei occhiali da sole sono rotti.
Mis gafas de sol están rotas.

844. Orecchini = Pendientes

Gli orecchini di mia madre sono fatti d'argento.
Los pendientes de mi madre están hechos de plata.

845. Pantaloncini corti = Pantaloncillos

Luisa d'estate indossa sempre i calzoncini corti perché fa caldo e non sopporta di mettere i jeans.
Durante el verano, Luisa siempre usa pantaloncillos porque hace calor y no soporta usar jeans.

846. Papillon = Corbata de moño

Il pappilon è un accessorio molto naif.
Lacorbata de moño es un accesorio muy ingenuo.

847. Pigiama = Pijamas

Amo i pigiami comodi.
Me encantan los pijamas cómodos.

848. Polo = Camisa de polo

La polo è perfetta per giocare a golf.
La camisa de polo es perfecta para jugar al golf.

849. Reggiseno = Brasier

Un buon reggiseno fa un bell'effetto.
Un buen brasier tiene un gran efecto.

850. Sandali = Sandalias

I sandali sono molto costosi.
Las sandalias son muy caras.

851. Scarpe con il tacco = Zapatos de tacón alto

Non riesco ad indossare scarpe con il tacco.
No puedo usar zapatos de tacón alto.

852. Scarpe da ginnastica = Zapatillas de deporte

Io indosso solo scarpe da ginnastica.
Solo uso zapatillas de deporte.

853. Molletta = Horquilla

Posso prendere in prestito una molletta per capelli?
¿Puedo pedir prestada una horquilla?

854. Elastico = Coleta

Avrei bisogno di un elastico per legarmi i capelli.
Necesito una coleta para atar mi cabello.

855. Stivali = Botas

Gli stivali di pelle sono in saldo al 50%.
Las botas de cuero están a la venta al 50%.

856. Top = Top

Il top chc indossi è fantastico!
¡El top que llevas es fantástica!

857. Tuta = Chándal

Una tuta è il regalo ideale.
Un chándal es el regalo ideal.

858. Vestito = Vestido

Devo comprare un vestito per la festa.
Debo comprar un vestido para la fiesta.

859. Stoffa = Tela

La stoffa è molto morbida.
La tela es muy suave.

860. Cotone = Algodón

Il cotone è una fibra naturale.
El algodón es una fibra natural.

861. Pizzo = Encaje

Il pizzo veniva usato molto nel secolo scorso negli abiti delle signore nobili.
El encaje se usó mucho en el siglo pasado para la ropa de damas nobles.

862. Lino = Lino

Il lino è una stoffa difficile da stirare.
El lino es una tela difícil de planchar.

863. Negozio = Tienda

È aperto il negozio?
¿Está abierta la tienda?

864. Buono sconto = Cupón

Non ho nessun buono sconto.

No tengo ningún cupón.

865. Sconto = Descuento

C'è uno sconto speciale?
¿Hay algún descuento especial?

866. Sfilata = Pasarela

Sono stata ad una sfilata ieri.
Ayer fui a una pasarela.

867. Vetrina = Mostrador

Guarda come è bella la vetrina di Valentino.
Mira cuán maravillosa es el mostrador de Valentino.

868. Camerino = Vestidores

Dove sono i camerini?
¿Dónde están los vestidores?

869. Reso = Cambiar

Mi serve avere un reso perché la maglietta è piccola.
Necesito un cambio porque la camiseta es pequeña.

870. Gruccia = Muleta

Mi serve una gruccia da mettere nel mio armadio.
Necesito una muleta para poner en mi armario.

871. Stilista di moda = Diseñador de moda

Gli stilisti di moda hanno esagerato quest'anno.

Los diseñadores de moda han exagerado este año.

872. Negoziante = Almacenista

Franco è un negoziante da anni.
Franco ha sido almacenista durante años.

873. Orefice = Joyero

Ho comprato la collana da un orefice.
Compré el collar por un joyero.

874. Commesso = Dependiente

Chiedi la taglia a un commesso.
Pide el tamaño a un dependiente.

875. Vestire = Vestir

Devo vestire la bambola di mia figlia.
Tengo que vestir a la muñeca de mi hija.

876. Cucire = Coser

Puoi cucirmi questo pantalone, per favore?
¿Puedes coserme estos pantalones, por favor?

BELLEZZA
-
BELLEZZA

877. Eye liner = Delineador de ojos

Preferisco l'eye liner alla matita.
Prefiero delineador de ojos a lápiz de ojos.

878. Fondotinta = Base

D'inverno il fondotinta colora e protegge la pelle dagli agenti inquinanti.
Durante el invierno, la base colorea y protege la piel de los agentes contaminantes.

879. Terra = Colorete

Devo ravvivare la mia abbronzatura con un po' di terra.
Debo revivir mi bronceado con un poco de colorete.

880. Balsamo per labbra = Bálsamo labial

Usa un balsamo per labbra quando le hai screpolate.
Use un bálsamo labial cuando sus labios estén agrietados.

881. Maschera per il viso = Mascarilla facial

Oggi, maschera per il viso in offerta al supermercato.
Hoy, se ofrece mascarillas faciales en el supermercado.

882. Matita per occhi = Lápiz de ojos

Ho una matita per gli occhi verde.
Tengo un lápiz de ojos verdes.

883. Pennello da trucco = Brocha maquillaje

Mi regali un pennello per il trucco?
¿Puedes regalarme una brocha de maquillaje?

884. Rossetto = Lipstick

Rossetto rosa, sempre!
¡Labial permanente rosa!

885. Smalto = Esmalte de uñas

Se devo scegliere uno smalto, preferisco quello trasparente.
Si debo elegir un esmalte de uñas, prefiero el transparente.

886. Pulizia del viso = Limpieza facial

Mara fa la pulizia del viso due volte all'anno.
Mara hace la limpieza facial dos veces al año.

887. Acconciatura = Peinado

Ha una acconciatura strana!
¡Ella tiene un peinado extraño!

888. Balsamo = Acondicionador

Se vuoi che i tuoi capelli siano belli, usa il balsamo dopo lo shampoo.
Si quieres que tu cabello sea agradable, usa el acondicionador después del champú.

889. Bigodino = Rizadora

Se mi passi i bigodini mi fai un favore.
Si me das la rizadora, me harás un favor.

890. Boccoli = Rizos

Per questa occasione speciale mi sono fatta i boccoli.
Para esta ocasión especial me hice los rizos.

891. Capelli corti = Cabello corto

I capelli corti sono più pratici.
El cabello corto es más práctico.

892. Capelli lunghi = Cabello largo

Io preferisco i capelli lunghi.
Prefiero el cabello largo.

893. Caschetto = Melena

Ha un bel caschetto biondo.
Ella tiene una buena melena rubia.

894. Colpi di sole = Reflejos

Questa estate voglio dare colore alla mia acconciatura e mi farò i colpi di sole.
Este verano quiero darle color a mi peinado, y haré reflejos.

895. Forbice = Tijera

Maria ha una forbice tagliente.
María tiene una tijera afilada.

896. Gel = Gel

Hai un po' di gel per capelli?

¿Tienes un poco de gel para el cabello?

897. Lacca = Laca

La lacca è utile per fissare l'acconciatura.
La laca para el cabello es útil para arreglar el peinado.

898. Messa in piega = Set para cabello

Vado a farmi una messa in piega.
Voy a conseguir un set cabello.

899. Permanente = Ondas permanentes

È ora che rifaccia la permanente.
Es hora de rehacer unas ondas permanentes.

900. Pettine = Peine

Il pettine mi districa i capelli dopo il balsamo. Questa è un'operazione importante da fare.
El peine desenreda mi cabello después del acondicionador. Esta es una operación importante que hacer.

901. Phon = Secador de cabello

Il phon è sulla mensola.
El secador de cabello está en el estante.

902. Piastra per capelli = Plancha de cabello

Oggi passo la piastra per capelli.
Hoy me paso la plancha de cabello.

903. Spuma per capelli = Espuma para cabello

Se vuoi i capelli ricci usa la spuma per capelli.
Si quieres cabello rizado usa la espuma para cabello.

904. Shampoo = Champo

Lo shampoo è nella doccia.
Champo está en la ducha.

905. Spazzola = Brocha

Posso prendere la tua spazzola?
¿Puedo tomar tu brocha?

906. Capelli neri = Cabello negro

Quella ragazza ha dei bellissimi capelli neri.
Esa chica tiene un hermoso cabello negro.

907. Capelli Biondi = Cabello rubio

Io voglio i capelli biondi!
¡Quiero cabello rubio!

908. Capelli castani = Cabello castaño

Il tuo amico con i capelli castani è carino.
Tu amigo con cabello castaño es lindo.

909. Capelli rossi = Cabello rojo

Conosco poche persone che hanno i capelli rossi.
Conozco pocas personas con el cabello rojo.

910. Capelli lisci = Pelo liso

Mi piaccio di più con i capelli lisci.
Me gusto más con el pelo liso.

911. Capelli ricci = Cabello rizado

Le ragazze con i capelli ricci sono molto belle.
Las chicas con cabello rizado son muy hermosas.

912. Capelli mossi = Cabello ondulado

Stasera esco con i capelli mossi.
Esta noche, saldré con el cabello ondulado.

913. Pelato = Calvo

Il mio capo è pelato.
Mi jefe es calvo.

914. Stempiatura = Entrada en el cabello

Tuo padre ha una grande stempiatura
Tu papá tiene una gran entrada en el cabello.

915. Dopo barba = After-shave

Mi piace il dopo barba che usi.
Me gusta el After-shave que usas.

916. Rasoio = Navaja de afeitar

Questo rasoio è vecchio.
Esta navaja de afeitar es vieja.

917. Schiuma da barba = Crema de afeitar

La schiuma da barba è finita. Se vai al supermercato puoi comprarne una nuova per favore?
La crema de afeitar se ha terminado. Si vas al supermercado, ¿puedes comprar uno por favor?

918. Assorbenti = Tolla intima

Un pacco di assorbenti per favore.
Un paquete de tollas intimas, por favor.

919. Ceretta = Cera depilatoria

Per depilarmi preferisco fare la ceretta.
Para afeitarme prefiero tener una cera depilatoria.

920. Crema idratante = Crema hidratante

Sin da giovane la pelle ha bisogno di una crema idratante.
Desde temprana edad, la piel necesita una crema hidratante.

921. Deodorante = Desodorante

Il mio deodorante non mi crea allergie.
Mi desodorante no me causa alergias.

922. Doccia schiuma = Gel de ducha

Il doccia schiuma è pronto.
El gel de ducha está listo.

923. Latte detergente = Leche limpiadora

Struccati con il latte detergente.
Retira el maquillaje con la leche limpiadora.

924. Limetta = Lima de uña

Mi si è rotta una unghia. Mi presti la tua limetta per unghie che l'aggiusto in un attimo?
Mi uña se rompió. ¿Me prestas una lima de uñas para poder arreglarla ahora?

925. Maschera idrante = Mascarilla

Una maschera idratante al mese fa bene al mio viso.
Una mascarilla de hidrante cada mes es buena para mi cara.

926. Solvente per unghie = Esmalte de uñas

Mi serve il solvente per unghie.
Necesito el esmalte de uñas.

927. Detergente intimo = Jabón intimo

Il detergente intimo deve essere delicato.
El jabón íntimo debe ser delicado.

928. Sapone = Jabón

Lavati bene le mani con il sapone.
Lávese bien las manos con jabón.

929. Estetista = Esteticista

Oggi vado dall'estetista.
Hoy voy al esteticista.

930. Massaggiatore = Masajista

Vado dal massaggiatore.
Voy al masajista.

931. Massaggiatrice = Masajista

Luisa ha chiamato una massaggiatrice.
Luisa llamó a una masajista.

932. Truccatore = Maquillador

Il truccatore sa come nascondere queste occhiaie.
El maquillador sabe cómo ocultar estas ojeras.

933. Barbiere = Barbero

Vai dal barbiere a sistemarti.
Ve al barbero para que te arregle.

934. Radersi = Afeitar

Devi raderti più spesso.
Necesitas afeitarte más seguido.

935. Lavare = Lavar

Maria lava i suoi pantaloni.
María lava sus pantalones.

936. Pettinare = Peinar

Pettiniamo la bambina.
Peinemos al bebé.

CONVERSAZIONE
-
CONVERSACIÒN

937. Ciao = Hola

Ciao Marco!
¡Hola Marco!

938. Buongiorno = Buenos dias

Buongiorno Luca, sei pronto?
¿Buenos días, Luca estas listo?

939. Buonasera = Buenas tardes

Buonasera Marisa! Amo il tuo vestito.
¡Buenas tardes, Marisa! Me gusta tu vestido.

940. Benvenuto = Bienvenido

Benvenuto in questa casa!
¡Bienvenido en esta casa!

941. Buonanotte = Buenas noches

Buonanotte mamma!
¡Buenas noches, mamá!

942. Arrivederci = Adiós

Arrivederci e grazie per l'aiuto.
Adiós y gracias por la ayuda.

943. A presto = Te veo pronto

Ora devo andare. A presto!
Ahora me tengo que ir. ¡Te veo pronto!

944. A dopo = Hasta luego

E lei mi ha detto “A dopo!”.
Y ella me dijo "¡Hasta luego!".

945. A domani = Nos vemos mañana

È una festa fantastica, ma devo andare. A domani!
Es una fiesta fantástica, pero me tengo que ir. ¡Nos vemos mañana!

946. Quando? = ¿Cuándo?

Quando sei libero?
¿Cuándo estas libre?

947. Cosa? = ¿Qué?

Cosa stai facendo?
¿Qué estás haciendo?

948. Perchè? = ¿Por qué?

Perché eri al parco la notte scorsa?
¿Por qué estabas en el parque anoche?

949. Dove? = ¿Dónde?

Dove sei?
¿Dónde estás?

950. Chi? = ¿Quién?

Chi sono queste persone?
¿Quiénes son estos personas?

951. Quanto? = ¿Cuánto?

Quanto costa?
¿Cuánto cuesta?

952. Come? = ¿Cómo?

Come possiamo arrivare in centro città?
¿Cómo podemos llegar al centro de la ciudad?

953. Quale? = ¿Cuál?

Quale maglietta compri?
¿Cuál camiseta estás comprando?

954. Sì = Sí

Sì, ci vediamo dopo.
Sí, te veo luego.

955. Certo! = Por supuesto!

Ti piace la pallavolo? Certo!
¿Te gusta el voleibol? ¡Por supuesto!

956. No = No

Ti sta simpatico il tuo capo? No.
¿Te gusta tu jefe? No, no me gusta.

957. Forse = Tal vez

Forse non andrò a lavorare domani.
Tal vez no vaya a trabajar mañana.

958. Perchè no! = Por qué no

Ma se facessimo una festa? Perche no!
¿Y si hacemos una fiesta? ¿Por qué no?

SENTIMENTI E CARATTERE

-

SENTIMIENTOS Y CARÀCTER

959. Determinación = Détermination

Ha la grinta di un leone.
Ella tiene la determinación de un león.

960. Ammirazione = Admiración

Marco prova molta ammirazione per Paul.
Marco siente mucha admiración por Paul.

961. Amore = Amor

L'amore è un sentimento molto forte.
El amor es un sentimiento muy fuerte.

962. Angoscia = Angustia

John vive in uno stato di angoscia.
John vive en un estado de angustia.

963. Compassione = Compasión

La compassione è una nobile dote.
La compasión es un noble don.

964. Entusiasmo = Entusiasmo

Ha accolto la notizia con grande entusiasmo.
Recibió la noticia con gran entusiasmo.

965. Fiducia = Confianza

La fiducia è la base di ogni rapporto.
La confianza es la base de toda relación.

966. Fraternità = Fraternidad

La fraternità che c'è tra Marco e Roberta è ineguagliabile.
La fraternidad que existe entre Marco y Roberta es sin igual.

967. Frustrazione = Frustración

Questo lavoro mi provoca molta frustrazione.
Este trabajo me está dando mucha frustración.

968. Gelosia = Celos

La gelosia è un sentimento negativo.
Los celos son un mal sentimiento.

969. Gratificazione = Satisfacción

La sua felicità è la mia gratificazione.
Su alegría es mi satisfacción.

970. Indifferenza = Indiferencia

L'indifferenza è una forma di violenza.
La indiferencia es una forma de violencia.

971. Indignazione = Indignación

Quella frase provocò forte indigazione.
Esa cita causó una fuerte indignación.

972. Invidia = Envidia

L'invidia è un peccato capitale.
La envidia es un pecado capital.

973. Malinconia = Mélancolie

La malinconia è un sentimento tipico dei poeti romantici.
La melancolía es un sentimiento típico de los poetas románticos.

974. Odio = Déteste

L'odio provoca solo cattivi effetti.
El odio solo tiene malos efectos.

975. Onore = Honor

Peep se n'è andato con onore.
Peep se fue con honor.

976. Perdono = Perdón

Dio dà sempre il suo perdono.
Dios siempre da su perdón.

977. Rabbia = Ira

La rabbia può trasformarsi in odio.
La ira puede convertirse en odio.

978. Simpatia = Simpatía

Apprezzo molto la sua simpatia.
Realmente aprecio su simpatía.

979. Vergogna = Vergüenza

Melania arrossì per la vergonga.
Melania se puso roja por la vergüenza.

980. Motivazione = Motivación

Martina ha una motivazione molto forte.
Martina tiene una motivación muy fuerte.

981. Divertimento = Diversión

La scuola è anche un posto di divertimento.
La escuela también es un lugar para la diversión.

982. Noia = Aburrimiento

Sto morendo di noia.
Me muero de aburrimiento.

983. Rispetto = Respeto

Il rispetto per gli altri va insegnato a scuola.
El respeto a los demás debe enseñarse en la escuela.

984. Creatività = Creatividad

La scuola stimola la creatività.
La escuela estimula la creatividad.

985. Sincerità = Sinceridad
In un rapporto deve esserci sempre sincerità.
Siempre debe haber sinceridad en una relación.

986. Felicità = Felicidad

Un amico c'è anche quando non c’è la felicità
Un amigo está allí incluso cuando la felicidad no está.

987. Gentilezza = Amabilidad

La gentilezza è spesso confusa per debolezza.
La amabilidad a menudo se toma por debilidad.

988. Lealtà = Lealtad

In un rapporto di amicizia c'è sempre lealtà.
En una amistad siempre hay lealtad.

VIAGGI
-
VIAJE

989. Monumento Storico = Monumento histórico

Quello di fronte a noi è un monumento storico di grande importanza.
Eso frente a nosotros es un monumento histórico de gran importancia.

990. Monumento = Monumento

Ogni monumento ha una sua storia da raccontare.
Cada monumento tiene su historia que contar.

991. Museo = Museo

Gli alunni faranno una gita al museo egizio.
Los estudiantes realizarán un viaje al museo egipcio.

992. Pinacoteca = Galería de arte

La pinacoteca è un luogo dove si raccolgono quadri di artisti famosi.
La galería de arte es un lugar donde se recogen pinturas de artistas de renombre.

993. Statua = Estatua

La statua dell'eroe è nella piazza principale della città.
La estatua del héroe está en la plaza principal de la ciudad.

994. Affittacamere = Casa de huéspedes

Ci può dare l'elenco degli affittacamere, per favore?
¿Puede darnos la lista de la casa de huéspedes, por favor?

995. Albergo = Hotel

Il nostro albergo si trova proprio di fronte al Colosseo.
Nuestro hotel está justo en frente del Coliseo.

996. Pensione = Pensión

Abbiamo trovato una pensione carina e pulita.
Hemos encontrado una pensión agradable y limpia.

997. Campeggio = Acampar

Io amo il campeggio.
Amo acampar.

998. Tenda da campeggio = Tienda de campaña

Devo comprare una tenda da campeggio per questa estate.
Tengo que comprar una tienda de campaña para este verano.

999. Camper = Caravana

Mio papà ha appena comprato un nuovo camper.
Mi papá acaba de comprar una nueva caravana.

1000. Roulotte = Caravana

Mi piacciono più le roulotte dei camper.
Me gustan más las caravanas que los campistas.

1001. Bungalow = Cabaña

Il bungalow è molto freddo.

La cabaña está muy fría.

1002. In aereo = En avión

Da Milano a Londra in aereo ci si impiega un'ora e 20 circa.
De Milán a Londres se tarda aproximadamente una hora y 20 en avión.

1003. In auto = En carro

Circolare in centro in auto è difficoltoso.
Conducir en coche por el centro de la ciudad es difícil.

1004. In barca = En barco

Una vacanza in barca è raccomandata a chi ha un certo adattamento.
Se recomiendan unas vacaciones en barco para aquellos que tienen adaptabilidad.

1005. In bicicletta = En bicicleta

Per il centro storico meglio muoversi in bicicletta.
Es mejor moverse en bicicleta en el centro histórico.

1006. In moto = En moto

Hanno deciso di visitare Liguria in moto.
Ellos han decidido visitar Liguria en moto.

1007. In nave = En barco

Puoi raggiungere l'isola del Giglio in nave dall'Argentario.

Puedes llegar a la isla de Giglio en barco desde Argentario.

1008. In pullman = En autobús

Puoi arrivare in centro città in pullman.
Puede llegar al centro de la ciudad en autobús.

1009. In treno = En tren

Ha visitato tutta l'Europa muovendosi in treno.
Visitó toda Europa moviéndose en tren.

1010. Agenzia viaggi = Agencia de viajes

Andiamo in agenzia viaggi per prenotare il viaggio.
Nosotros vamos a la agencia de viajes para reservar el viaje.

1011. Area di interesse turistico =Área de interés turístico

Alla vostra destra troverete un'area di interesse turistico.
A su derecha encontrará un área de interés turístico.

1012. Banco informazioni = Oficina de información

Stiamo cercando il banco informazioni.
Estamos buscando la oficina de información.

1013. Ufficio del turismo = Oficina de turismo

L'ufficio del turismo dà sempre le giuste indicazioni.

La oficina de turismo siempre brinda la información correcta.

1014. Ufficio informazioni =Oficina de información

Potrebbe indicarmi dove trovo l'ufficio informazioni per favore?
¿Me puede mostrar dónde está la oficina de información, por favor?

1015. Biglietteria = Taquilla

La biglietteria è aperta dalle 9 di mattina fino alle 17.
La taquilla está abierta de 9:00 a.m. a 5:00 p.m.

1016. Biglietto = Billete

Il costo del biglietto è di 150 euro.
El precio del billete es de 150 euros.

1017. Binario = Plataforma

Treno in arrivo al binario 2, allontanarsi dalla linea gialla.
Tren llegando a la plataforma 2, alejarse de la línea amarilla.

1018. Destinazione = Destino

La mia destinazione è Firenze.
Mi destino es Florencia

1019. Ferie = Vacaciones

Paolo inizia le ferie lunedì.
Paolo comenzará sus vacaciones el lunes.

1020. Fermata = Parada

La mia fermata è la prossima.
Mi parada es la siguiente.

1021. Itinerario = Itinerario

Abbiamo un preciso itinerario da seguire.
Tenemos un itinerario preciso para seguir.

1022. Numero del vagone = Número de vagón

Il numero del mio vagone è 134.
El número de mi vagón es 134.

1023. Scompartimento = Compartimiento

Il mio scopartimento è il numero 103.
Mi compartimento es el número 103.

1024. Stazione = Estación

La stazione di Milano è chiusa.
La estación de Milán está cerrada.

1025. Tessera ferroviaria = Tarjeta de tren

Ho una tessera ferroviaria valida per 2 anni.
Tengo una tarjeta de tren válida por 2 años.

1026. Treno = Tren

Il treno che ha preso Luca era in ritardo.
El tren que tomó Luca llegó tarde.

1027. Treno di andata = Tren de ida

Il treno di andata parte tra 5 minuti.
El tren de ida sale en 5 minutos.

1028. Treno di ritorno = Tren de regreso

Il treno di ritorno partirà il 30 agosto alle 12:50.
El tren de regreso sale el 30 de agosto a las 12:50 p.m.

1029. Vagone = Vagón

Il vagone dov'è seduto Paolo è il 15.
El vagón donde está sentado Paolo es el 15.

1030. Valigia = Maleta

La valigia è pronta, è ora di partire.
La maleta está lista, es hora de irse.

1031. Velocità = Velocidad

La velocità dei treni Frecciarossa è molto alta.
La velocidad de los trenes de Frecciarossa es muy alta.

1032. Viaggio = Viaje

Questo è il viaggio più bello della mia vita.
Este es el viaje más hermoso de mi vida.

1033. Aereo = Avión

L'aereo Milano-Londra è una linea molto frequentata, soprattutto dagli uomini d'affari.
El avión Milán-Londres es una línea muy popular, especialmente entre los empresarios.

1034. Aeroporto = Aeropuerto

L'aeroporto è a tre chilometri dall'hotel che abbiamo prenotato.
El aeropuerto está a tres kilómetros del hotel que reservamos.

1035. Aeromobile = Aeronave

L'aeromobile è un boing.
La aeronave es un boing.

1036. Area ritiro bagagli = Área de reclamo de equipaje

Sono in area ritiro bagagli.
Estoy en el área de reclamo de equipaje.

1037. Arrivi = Área de llegada

L'area arrivi è al piano superiore.
El área de llegadas está arriba.

1038. Assicurazione viaggio = Seguro de viaje

Desiderate aggiungere un'assicurazione di viaggio?
¿Quieres agregar un seguro de viaje?

1039. Bagaglio = Equipaje

Il bagaglio non deve pesare più di 20 chili per non pagare una sovratassa.
El equipaje no debe pesar más de 20 kilos para evitar pagar un recargo.

1040. Bagaglio a mano = Maleta de mano

Ho solo bagaglio a mano.
Solo tengo un equipaje de mano.

1041. Bagaglio in Stiva = Equipaje facturado

Abbiamo i bagagli in stiva.
Nosotros tenemos el equipaje facturado en la bodega.

1042. Banco del check-in = Oficina de facturación

Il banco del check-in è sulla destra.
La oficina de facturación de facturación está a la derecha.

1043. Cancello = Puerta

Il cancello numero 6 è aperto per il volo 747.
La puerta número 6 está abierta para el vuelo 747.

1044. Cancellazione = Cancelación

Ci hanno comunicato la cancellazione dei voli.
Nos informaron sobre la cancelación de los vuelos.

1045. Carta d'imbarco = Tarjeta de embarque

La prego di mostrarmi la sua carta d'imbarco.
Por favor muéstrame su tarjeta de embarque.

1046. Cintura di sicurezza = Cinturón

Siete pregati di allacciare le cinture di sicurezza.
Por favor, abrochen sus cinturones.

1047. Controlli di sicurezza = Seguridad

Sono stati effettuati numerosi controlli di sicurezza.
Se han realizado numerosos controles de seguridad.

1048. Dogana = Aduana

La dogana è per i cittadini extra CEE.
La aduana es para ciudadanos no pertenecientes a la CEE.

1049. Esente da dazio = Libre de impuestos

Questo prodotto è esente da dazio.
Este producto es libre de impuestos.

1050. Franchigia bagaglio = Equipajc pcrmitido

Se supera i venti chili, deve pagare una franchigia per il bagaglio.
Si su equipaje excede los 20 kilos, debe pagar una franquicia de equipaje.

1051. Gate d'imbarco = Zona de embarque

Sto cercando il gate d'imbarco.
Estoy buscando la puerta de embarque.

1052. Imbarco = Embarque

L'imbarco si trova in fondo a sinistra.
El embarque se encuentra en la parte inferior izquierda.

1053. Linea aerea = Aerolínea

Quale linea aerea prenderai?
¿Qué aerolínea tomarás?

1054. Nastro trasportatore = Cinta transportadora

Il nastro trasportatore è rotto.
La cinta transportadora está rota.

1055. Numero di Volo = Número de vuelo

Guarda bene il numero di volo, per favore.
Mire cuidadosamente el número de vuelo, por favor.

1056. Parcheggi per brevi permanenze = Estacionamiento de corta estadía

Bisogna informarsi sui parcheggi per brevi permanenze.
Necesita preguntar sobre el estacionamiento de corta estadía.

1057. Parcheggi per lunghe permanenze = 1057. Estacionamiento de larga duración

Essendo via per tre settimane, dobbiamo cercare parcheggi per lunghe permanenze.
Estando fuera por tres semanas, tenemos que buscar un estacionamiento de larga duración.

1058. Partenze = Área de salida

L'area partenze è piena di gente in partenza per le vacanze estive.
El área de salidas está llena de gente que se va de vacaciones de verano.

1059. Pista d'atterraggio = Pista de aterrizaje

La pista di atterraggio è occupata, non puoi atterrare adesso.
La pista de aterrizaje está ocupada, no puede aterrizar ahora.

1060. Ritardo = Retraso

Hanno ritardi tutti gli aerei in volo sull'Europa.
Todos los aviones que vuelan sobre Europa se han retrasado.

1061. Ritiro bagagli = Reclamo de equipaje

Dov'è il ritiro bagagli per favore?
¿Dónde está la zona de reclamo de equipaje por favor?

1062. Scalo = Escala

Farò scalo ad Amsterdam.
Haré una escala en Amsterdam.

1063. Sedile lato corridoio = Asientos del lado del corredor

Questi sono i sedili lato corridoio.
Estos son los asientos del lado del corredor.

1064. Sedile lato finestrino = Asiento de la ventana

Mi può dare un sedile lato finestrino per favore?
¿Me puede dar un asiento de la ventana, por favor?

1065. Ufficio bagagli smarriti = Oficina de equipaje perdido

Devo andare all'ufficio bagagli smarriti perché non trovo più la mia valigia arancione.
Debo ir a la oficina de equipaje perdido porque ya no puedo encontrar mi maleta naranja.

1066. Uscite di emergenza = Salidas de emergencia

Alla vostra destra e sinistra ci sono le uscite di emergenza.
A su derecha e izquierda están las salidas de emergencia.

1067. Volo = Vuelo

C'è un volo ogni ora.
Hay un vuelo cada hora.

1068. Carrelli = Trenes de aterrizaje

Hanno attaccato i carrelli all'aereo.
Ellos unieron los trenes de aterrizaje al avión.

1069. Volo intercontinentale = Vuelos internacionales

I voli intercontinentali sono lunghi oltre le otto ore.

Los vuelos intercontinentales duran más de ocho horas.

1070. Volo nazionale = Vuelo nacional

Con un volo nazionale arrivi a Roma da Milano in un'ora circa.
Con un vuelo nacional puedes llegar a Roma desde Milán en una hora.

1071. Bigliettaio = Vendor de boletos

Marco è un bigliettaio alla stazione.
Marco es un vendedor de boletos en la estación.

1072. Controllore = Inspector de boletos

Dove è il controllore?
¿Dónde está el inspector de boletos?

1073. Direttore di hotel = Gerente del hotel

Il direttore dell'hotel è sempre molto attento alle esigenze dei suoi clienti.
El gerente del hotel siempre es muy cuidadoso con las necesidades de sus clientes.

1074. Portiere = Conserje

Il portiere dell'hotel è a sua disposizione per qualsiasi informazione.
El conserje del hotel está a su disposición para cualquier información.

1075. Portiere Notturno = Conserje nocturno

Se rientrate tardi, ci sarà il portiere notturno ad aprire la porta.
Si regresa tarde, habrá un conserje nocturno para abrir la puerta.

1076. Agente di viaggi = Agente de viaje

Devi andare dal mio agente di viaggi.
Debes ir a mi agente de viajes.

1077. Guida turistica = Guía turístico

Abbiamo un tour con una guida turistica.
Tenemos un recorrido con un guía turístico.

1078. Receptionist = Receptionista

La receptionist deve sapere l'inglese.
El recepcionista debe saber inglés.

1079. Autista di autobus = Conductor de autobús

L'autista di autobus è un lavoro su turni.
El conductor del autobús trabaja por turno.

1080. Tassista = Taxista

Luigi è un tassista di notte.
Luigi es un taxista nocturno.

1081. Assistente di volo = Auxiliar de vuelo

Luigi viaggia sempre: è un assistente di volo.
Luigi siempre viaja: es un auxiliar de vuelo.

1082. Facchino = Maletero

Ha bisogno del facchino per i bagagli signora?
¿Necesita un maletero para su equipaje, señora?

1083. Passeggero = Pasajero

Ogni passeggero si rechi al suo posto per favore.
Cada pasajero llegue a su lugar, por favor.

1084. Addetto ai bagagli = Cargado de equipaje

Avrei bisogno di parlare con un addetto ai bagagli.
Necesito hablar con un cargador de equipaje.

1085. Turista = Turista

Michele è un turista.
Michele es una turista.

1086. Capitano = Capitán

Il capitano vi augura un buon viaggio.
El capitán le desea un buen viaje.

1087. Pilota = Piloto

Mario lavora come pilota.
Mario trabaja como piloto.

1088. Audioguida = Audioguía

Preferirei avere un'audioguida per capire meglio la mostra.

Preferiría una audioguía para comprender mejor la exposición.

1089. Mappa = Mapa

La mappa è utile per potersi orientare al meglio.
El mapa es útil para garantizar una mejor orientación.

1090. Città d'arte = Ciudad del arte

Le città d'arte sono prese d'assalto dai turisti durante l'apertura serale dei musei.
Las ciudades de arte son sitiadas por los turistas durante la apertura nocturna de los museos.

1091. Pedonale = Peatonal

Il centro città è pedonale.
El centro de la ciudad es una zona peatonal.

1092. Tour organizzati = Organizador de visitas

Quest'anno hanno organizzato molti tour guidati per poter scoprire quest'area interessante.
Este año organizaron muchas visitas guiadas para descubrir esta interesante área.

1093. Viaggio d'Affari = Viaje de negocios

Quello di Mario è un viaggio di affari, non un viaggio di piacere per cui non avrà molto tempo per visitare la città.
El de Mario es un viaje de negocios, no de placer, por lo que no tendrá mucho tiempo para visitar la ciudad.

1094. Recensione = Reseñas

Le recensioni di questo hotel non sono buone.
Las reseñas de este hotel no son buenas.

1095. Escursioni = Excursiones

Il programma è ricco di escursioni.
El programa está lleno de excursiones.

1096. Noleggiare = Rentar

Dobbiamo noleggiare un'auto per visitare la Puglia.
Necesitamos rentar un auto para visitar Apulia.

1097. Annullare la prenotazione = Cancelar reserva

La prego di annullare la mia prenotazione per la camera in agosto.
Por favor, cancele mi reserva de habitación en agosto.

1098. Decollare = Despegar

Siamo pronti a decollare, capitano.
Nosotros estamos listos para despegar, capitán.

1099. Atterrare = Aterizzar

L'aereo sta atterrando sulla pista di emergenza.
El avión aterriza en la pista de emergencia.

1100. Partire = Irse

Domani partiamo per il Brasile e sarà un viaggio emozionante di tre settimane.

Mañana nos vamos a Brasil y será un emocionante viaje de tres semanas.

1101. Confermare la prenotazione = Confirmar reserva

La chiamo per confermare la mia prenotazione per agosto.
Te llamo para confirmar mi reserva para agosto.

1102. Visitare = Visitar

Vorremmo visitare la Scozia quest'estate.
Nos gustaría visitar Escocia este verano.

BUSINESS
-
NEGOCIOS

1103. Centro di formazione professionale (CFP) = Centro de formación profesional

Devo andare al centro di formazione professionale.
Tengo que ir al centro de formación profesional.

1104. Fabbrica = Fabrica

Marco lavora in una fabbrica.
Marco trabaja en una fábrica.

1105. Attività = Actividades

Fermate tutte le attività.
Detén todas las actividades.

1106. Azienda = Compañía

In che azienda lavora James?
¿Para qué compañía trabaja James?

1107. Filiale = Sucursal

Devi andare in filiale.
Debes ir a la sucursal.

1108. Compagnia di holding = Sociedad empresarial

Quell'azienda in realtà è una compagnia di holding.
Esa compañía es una sociedad empresarial en realidad.

1109. Istituto = Institución

Marco è andato all'istituto di riscossione debiti.

Marco fue a la institución de cobro de deudas.

1110. Centro congressi = Centro de convenciones

Mi può portare al centro congressi?
¿Me puedes llevar al centro de convenciones?

1111. Ditta = Empresa

Merlett è una ditta molto seria.
Merlett es una empresa muy seria.

1112. Cooperativa = Cooperativa

Paolo lavora in una cooperativa.
Paolo trabaja en una cooperativa.

1113. Magazzino = Inventario

Quel prodotto non è in magazzino.
Ese producto no está en inventario.

1114. Società = Sociedad

È una società morente.
Es una sociedad moribunda.

1115. Agenzia delle entrate = Agencia de ingresos

L'agenzia delle entrate ha fatto causa a Michele.
La agencia de ingresos demandó a Michele.

1116. Ufficio = Oficina

La mattina Marco deve essere in ufficio.
Por la mañana Marco debe estar en la oficina.

1117. Sede = Sede

La sede di Amazon è in America.
La sede de Amazon está en América.

1118. Apprendistato = Aprendizaje

Paolo sta facendo un periodo di apprendistato.
Paolo está haciendo un aprendizaje.

1119. Contratto = Contrato

Hai già firmato un contratto?
¿Ya has firmado un contrato?

1120. Dichiarazione dei redditi = Declaración de impuestos

Hai già fatto la dichiarazione dei redditi?
¿Ya llenó la declaración de impuestos?

1121. Franchise = Franquicia

Mark è interessato all'acquisizione di quel franchise.
Mark está interesado en adquirir esa franquicia.

1122. Regolamento = Regulación

C'è un regolamento da rispettare.
Hay una regulación que debe ser respetada.

1123. Lettera di dimissioni = Carta de renuncia

Jeff ieri ha consegnato la lettera di dimissioni.
Jeff entregó su carta de renuncia ayer.

1124. Conto economico = Estado de resultados

Il conto economico di Marco è negativo.
El estado de resultados de Marco es negativo.

1125. Stage = Escena

Questa settimana Lucas è in stage.
Esta semana Lucas está haciendo una escena.

1126. Fattura = Factura

Ti hanno dato la fattura?
¿Te dieron la factura?

1127. Curriculum = Currículum

Il curriculum è importante per avere opportunità lavorative.
El currículum es importante para obtener oportunidades de trabajo.

1128. Piano d'impresa = Plan de negocios

Hai già letto il piano d'impresa?
¿Ya has leído el plan de negocios?

1129. Sistema = Sistema

È un sistema complesso.
Es un sistema complejo.

1130. Tirocinante = Aprendiz

Ragazzi, vi presento il nuovo tirocinante.
Chicos, les presento al nuevo aprendiz.

1131. Listino = List

Il prezzo di listino di quel cellulare è di 2900 dollari.
El precio de lista de ese teléfono móvil es de 2900 dólares.

1132. Licenza = Licencia

Hai acquistato la licenza di Windows 10?
¿Has comprado la licencia de Windows 10?

1133. Bilancio = Presupuesto

Come va il bilancio dello stato?
¿Cómo va el presupuesto estatal?

1134. Accordo = Acuerdo

Avete firmato l'accordo?
¿Has firmado el acuerdo?

1135. Organigramma = Organigrama

Domani faremo un organigramma per analizzare la situazione.
Haremos un organigrama para analizar la situación.

1136. Affare = Acuerdo

Concludi subito questo affare.

Concluya este acuerdo de inmediato.

1137. Sottoscrizione = Suscripción

Di che sottoscrizione si tratta?
¿De qué se trata la suscripción?

1138. Foratrice = Perforador

Mi passeresti la foratrice?
¿Me pasarías el perforador?

1139. Buste perforate = Carpetas de bolsillo perforadas

Quante buste perforate sono?
¿Cuántas carpetas de bolsillo perforadas hay?

1140. Cartelletta = Carpeta

Cosa c'è in quella cartelletta?
¿Qué hay en esa carpeta?

1141. Cassettiera = Estante

La pinzatrice è nella cassettiera.
La grapadora está en la estante.

1142. Contenitori = Caja de almacenamiento

Metti i documenti nei contenitori.
Ponga los documentos en las cajas de almacenamiento.

1143. Organizzatore da scrivania = Organizador de escritorio

Servirebbe un organizzatore da scrivania.
Sería necesario un organizador de escritorio.

1144. Scrivania = Escritorio

Tutto ciò che ti serve è sulla tua scrivania.
Todo lo que necesitas está en tu escritorio.

1145. Segnalibro = Marcador

Dove hai messo il segnalibro?
¿Dónde pusiste el marcador?

1146. Supporto per monitor = Base del monitor

Dove hai messo il supporto per il monitor?
¿Dónde pusiste la base del monitor?

1147. Imprenditore = Hombre de negocios

Mario è imprenditore.
Mario es un hombre de negocios.

1148. Beneficiario = Beneficiario

Chi sarà il beneficiario del bonifico?
¿Quién será el beneficiario de la transferencia?

1149. Imprenditrice = Empresarias

Le imprenditrici sono sempre più numerose.
Las empresarias están creciendo en número.

1150. Lavoratore a tempo determinato = Trabajadora de plazo fijo

Mara è un lavoratore a tempo determinato.
Mara es una trabajadora de plazo fijo.

1151. Impiegato = Oficinista

L'impiegato è un lavoro sedentario.
Ser oficinista es un trabajo sedentario.

1152. Capo = Jefe

Il mio capo oggi è nervoso.
Mi jefe está nervioso hoy.

1153. Dipendente = Empleado

Luca è un dipendente statale.
Luca es un empleado del estado.

1154. Investitore = Inversor

Oggi conosceremo l'investitore.
Hoy conoceremos al inversor.

1155. Lavoratore = Trabajador

Marco è un lavoratore instancabile.
Marco es un trabajador incansable.

1156. Libero professionista = Trabajador independiente

Andrea è un libero professionista.

Andrea es un trabajador independiente.

1157. Licenziato = Despedido

Sei licenziato!
Estas despedido!

1158. Fondo = Fondo

Hai prelevato il tuo fondo?
¿Has retirado tu fondo?

1159. Analisi = Análisis

È un'analisi molto interessante.
Es un análisis muy interesante.

1160. Asta = Subasta

La sua casa è all'asta.
Su casa está en subasta.

1161. Beneficio = Beneficio

Ti lascio il beneficio del dubbio.
Os dejo el beneficio de la duda.

1162. Bollettino = Boletín

Hai sentito cosa dice il bollettino?
¿Has oído lo que dice el boletín?

1163. Budget = Presupuesto

Che budget hai?

¿Qué presupuesto tienes?

1164. Cambio = Tipo de cambio

Quant'è il cambio euro-dollaro?
¿Cuánto cuesta el tipo de cambio de euros a dólar?

1165. Capacità produttiva = Capacidad de producción

Qual è la capacità produttiva di quel macchinario?
¿Cuál es la capacidad de producción de esa maquinaria?

1166. Capitale = Capital

Che capitale sociale ha Facebook?
¿Qué capital social tiene Facebook?

1167. Capitale netto = Patrimonio neto

Il capitale netto di quell'azienda è di 3 milioni di dollari.
El patrimonio neto de esa empresa es de 3 millones de dólares.

1168. Codice etico = Código ético

Il codice etico dovrebbe essere in ognuno di noi.
El código ético debe estar en cada uno de nosotros.

1169. Commercio = Comercio

Come va il commercio in Germania?
¿Cómo es el comercio en Alemania?

1170. Concessione = Concesión

Ha ottenuto la concessione per aprire il negozio.
Tiene la concesión para abrir la tienda.

1171. Controllo di gestione = Control de gestión

Scaricheremo un software per il controllo di gestione.
Descargaremos un software de control de gestión.

1172. Debito = Deuda

A quanto ammonta il debito pubblico?
¿Cuánto es la deuda pública?

1173. Deposito = Depósito

Ho lasciato i soldi al deposito.
Dejé el dinero en el depósito.

1174. Domanda = Demanda

In questo settore la domanda coincide con l'offerta.
En este sector la demanda coincide con la oferta.

1175. Economia = Economía

Stai ancora studiando economia?
¿Sigues estudiando economía?

1176. Fisco = Impuesto

Trevor ha evaso il fisco.
Trevor ha evadido impuestos.

1177. Forza lavoro = Fuerza laboral

Quegli uomini offrono all'azienda una forza lavoro immensa.
Esos hombres ofrecen a la compañía una gran fuerza laboral.

1178. Frazionamento = Separar

La ditta ha fatto un frazionamento.
La compañía se separó.

1179. Fusione = Fusionar

Hai sentito che WhatsApp si è fusa con Instagram?
¿Has oído que WhatsApp se fusionó con Instagram?

1180. Garanzia = Garantía

Ho 3 anni di garanzia su questa televisione.
Tengo una garantía de 3 años en este televisor.

1181. Gestionale = Gestión

Hai scaricato il software gestionale?
¿Has descargado el software de gestión?

1182. Gruppo = Grupo

Ieri è arrivato un gruppo di investitori.
Un grupo de inversores llegó ayer.

1183. Guadagno = Ganacia

Qual è il tuo guadagno mensile?

¿Cuál es su ganancia mensual?

1184. Immobile = Propiedad

Quanto hai pagato quell'immobile?
¿Cuánto pagaste por esa propiedad?

1185. Imposizione = Imposición

Quant'è l'imposizione?
¿Cuánto cuesta la imposición?

1186. Imposta = Impuesto

È stata applicata un'imposta del 22%.
Se aplicó un impuesto del 22%.

1187. Imposta sul reddito = Impuesto sobre la renta

Verrà applicata un'imposta sul reddito.
Se aplicará un impuesto sobre la renta.

1188. Incarico = Tarea

Che incarico ti è stato assegnato?
¿Qué tarea te fue asignada?

1189. Indice = Índice

Hai letto l'indice di risparmio?
¿Has leído el índice de ahorro?

1190. Innovazione = Innovación

Negli ultimi anni ci sono state molte innovazioni.
En los últimos años ha habido muchas innovaciones.

1191. Interesse = Tasa de interés

Qual è il tasso di interesse?
¿Cuál es la tasa de interés?

1192. Investimento = Inversión

Com'è andato quell'investimento?
¿Cómo fue esa inversión?

1193. Lancio = Lanzamiento

Il prezzo al lancio di quel tablet è di 1099 dollari.
El precio en el lanzamiento de esa tableta es de 1099 dólares.

1194. Lavoro = Trabajo

Che lavoro fa Marco?
¿Qué trabajo hace Marco?

1195. Leasing = Crédito

Marco ha comprato una macchina in leasing.
Marco compró un auto a crédito.

1196. Limite = Límite

Quanto è il limite di incasso giornaliero?
¿Cuánto es el límite de recolección diaria?

1197. Lotto = Lote

Abbiamo acquistato un lotto di frutta.
Compramos un lote de fruta.

1198. Macchinario = Maquinaria

Il macchinario si è rotto.
La maquinaria se rompió.

1199. Margine = Margen

Il margine di guadagno è molto alto.
El margen de beneficio es muy alto.

1200. Materia prima = Materia prima

La materia prima è quasi finita.
La materia prima está casi terminada.

QUALCHE CONSIGLIO DA CARLOS GARCIA

Siamo arrivati alla fine di questo libro. Ed ho una buona e una cattiva notizia per te. La buona notizia è che hai arricchito notevolmente il tuo vocabolario e sarai sicuramente in grado di tenere una conversazione in spagnolo senza grosse difficoltà!

Da oggi sei pronto ad affrontare nuove esperienze, ad esempio potrai fare quel viaggio a giro per il mondo che hai sempre rimandato o candidarti per quel posto di lavoro all'estero senza temere di non conoscere la lingua.

Ora passiamo alla cattiva notizia. Il tuo percorso non finisce qui. Se pensavi che questo libro sarebbe stato sufficiente per diventare madrelingua, mi dispiace molto.

Infatti, non si smette mai di apprendere una lingua. Sicuramente con questo libro hai iniziato alla grande il tuo percorso, ma puoi certamente migliorare.

Abbiamo studiato diversi vocaboli nel corso del manuale, certamente ora non avrai più problemi a prenotare un ristorante, a fare un colloquio di lavoro o ad avere una tranquilla conversazione con un turista appena conosciuto!

Ti voglio dare qualche consiglio che ti potrà essere di grande aiuto per continuare questo tragitto nello studio della lingua inglese.

Ti consiglio vivamente di fare le seguenti attività:

- **GUARDARE FILM IN SPAGNOLO**

Inizia con i sottotitoli in italiano se hai difficoltà, poi inizia a guardarli con i sottotitoli in spagnolo e infine limitati a guardare film in spagnolo senza sottotitoli.

Se dopo aver terminato un film ti sembra di non aver capito niente, non ti demoralizzare e soprattutto non ti arrendere. Guarda lo stesso film più volte, finché non ti sarà chiaro.

Sono consapevole che possa sembrare noioso, ma ti garantisco che otterrai subito ottimi risultati.

- **NON ABBANDONARE QUESTO LIBRO IN UN CASSETTO**

Leggilo altre volte, annotati degli appunti, studialo, insomma, ricorda che questo libro non è un romanzo. È un manuale e come tale ti consiglio di continuare a tenerlo sotto controllo e ripassarlo con il passare del tempo.

- **SCARICA APPLICAZIONI COME BABBEL O DUOLINGO**

Viviamo nell'era del digitale, abbiamo molte opportunità in più rispetto a 30 anni fa!

Dobbiamo sfruttare le varie risorse che abbiamo a disposizione e tra queste risorse mi sento di consigliarti "Babbel" e "Duolingo": due applicazioni che puoi scaricare sul tuo smartphone e utilizzare per ripassare e migliorare le tue conoscenze di lingua spagnola.

- **ASCOLTA AUDIOLIBRI IN LINGUA SPAGNOLA**

Lo sapevi che su Audible.it hai 30 giorni di prova gratuita? Io fossi in te non mi farei scappare questa possibilità! In particolar modo se sei una persona molto indaffarata gli audiolibri sono perfetti per te. Potrai migliorare il tuo ascolto e la tua pronuncia, mentre sei in palestra o in macchina!

In conclusione, ti ringrazio infinitamente per aver acquistato il mio libro e spero che tu l'abbia potuto apprezzare.